职业技术 · 职业资格培训教材

计算机程序设计员（Java）

主　编　赵　蕾　梁云娟
编　者　李晓辉　张志浩
主　审　王燕青

中级

中国劳动社会保障出版社

图书在版编目(CIP)数据

计算机程序设计员（Java）：中级／上海市职业培训研究发展中心组织编写．—北京：中国劳动社会保障出版社，2011

1＋X职业技术·职业资格培训教材

ISBN 978－7－5045－9296－5

Ⅰ.①计…　Ⅱ.①上…　Ⅲ.①JAVA语言-程序设计-技术培训-教材　Ⅳ.①TP312

中国版本图书馆CIP数据核字(2011)第188145号

中国劳动社会保障出版社出版发行

（北京市惠新东街1号　邮政编码：100029）

出 版 人：张梦欣

*

三河市华骏印务包装有限公司印刷装订　　新华书店经销

787毫米×1092毫米　16开本　16印张　299千字

2011年10月第1版　　2021年12月第2次印刷

定价：30.00元

读者服务部电话：(010)64929211/84209101/64921644

营销中心电话：(010)64962347

出版社网址：http://www.class.com.cn

内容简介

本教材由人力资源和社会保障部教材办公室、中国就业培训技术指导中心上海分中心、上海市职业培训研究发展中心依据上海 1 + X 计算机程序设计员（Java）四级职业技能鉴定细目组织编写。教材从强化培养操作技能，掌握实用技术的角度出发，较好地体现了当前最新的实用知识与操作技术，对于提高从业人员基本素质，掌握计算机程序设计员（Java）四级的核心知识与技能有直接的帮助和指导作用。

本教材在编写中根据职业的工作特点，以能力培养为根本出发点，采用模块化的编写方式。本教材内容共分为 10 章，主要包括：绪论、开发环境的搭建、Java 语言基础知识、对象和类、Java 的异常处理、I/O 流、图形用户界面设计、集合框架、Java 网络编程、Java 的线程。另外，本书提供了 MainForm 类示例，读者可以在 http://www.class.com.cn/datas/096045.rar 进行下载。

本教材可作为计算机程序设计员（Java）四级职业技能培训与鉴定考核教材，也可供全国中、高等职业技术院校相关专业师生参考使用，以及职业从业人员培训使用。

前　言

职业培训制度的积极推进，尤其是职业资格证书制度的推行，为广大劳动者系统地学习相关职业的知识和技能，提高就业能力、工作能力和职业转换能力提供了可能，同时也为企业选择适应生产需要的合格劳动者提供了依据。

随着我国科学技术的飞速发展和产业结构的不断调整，各种新兴职业应运而生，传统职业中也愈来愈多、愈来愈快地融进了各种新知识、新技术和新工艺。因此，加快培养合格的、适应现代化建设要求的高技能人才就显得尤为迫切。近年来，上海市在加快高技能人才建设方面进行了有益的探索，积累了丰富而宝贵的经验。为优化人力资源结构，加快高技能人才队伍建设，上海市人力资源和社会保障局在提升职业标准、完善技能鉴定方面做了积极的探索和尝试，推出了1+X培训与鉴定模式。1+X中的1代表国家职业标准，X是为适应上海市经济发展的需要，对职业的部分知识和技能要求进行的扩充和更新。随着经济发展和技术进步，X将不断被赋予新的内涵，不断得到深化和提升。

上海市1+X培训与鉴定模式，得到了国家人力资源和社会保障部的支持和肯定。为配合上海市开展的1+X培训与鉴定的需要，人力资源和社会保障部教材办公室、中国就业培训技术指导中心上海分中心、上海市职业培训研究发展中心联合组织有关方面的专家、技术人员共同编写了职业技术·职业资格培训系列教材。

职业技术·职业资格培训教材严格按照1+X鉴定考核细目进行编写，教材内容充分反映了当前从事职业活动所需要的核心知识与技能，较好地体现了适用性、先进性与前瞻性。聘请编写1+X鉴定考核细目的专家，以及相关行业的专家参与教材的编审工作，保证了教材内容的科学性及与鉴定考核细目以及题库的紧密衔接。

职业技术·职业资格培训教材突出了适应职业技能培训的特色，使读者通过学习与培训，不仅有助于通过鉴定考核，而且能够有针对性地进行系统学习，真正掌握本职业的核心技术与操作技能，从而实现从懂得了什么到会做什么的飞跃。

职业技术·职业资格培训教材立足于国家职业标准，也可为全国其他省市开展新职业、新技术职业培训和鉴定考核，以及高技能人才培养提供借鉴或参考。

新教材的编写是一项探索性工作，由于时间紧迫，不足之处在所难免，欢迎各使用单位及个人对教材提出宝贵意见和建议，以便教材修订时补充更正。

人力资源和社会保障部教材办公室
中国就业培训技术指导中心上海分中心
上海市职业培训研究发展中心

目　录

第 1 章

绪　　论

第 1 节 Java 语言概述

学习目标

➢了解 Java 语言的产生与发展

➢了解 Java 语言的定义

➢掌握 Java 语言的工作原理及特点

➢掌握 Java 程序的类型

一、Java 语言的产生和发展

任何事物的产生既有必然的原因也有偶然的因素，Java 语言的出现也验证了这一点。1991 年，美国 Sun Microsystems 公司的某个研究小组为了能够在消费电子产品上开发应用程序，积极寻找合适的编程语言。消费电子产品种类繁多，包括 PDA、机顶盒、手机等，即使是同一类消费电子产品所采用的处理芯片和操作系统也不相同，存在着跨平台的问题。当时最流行的编程语言是 C 和 C + + 语言，Sun 公司的研究人员考虑是否可以采用 C + + 语言来编写消费电子产品的应用程序，但是研究表明，对于消费电子产品而言，C + + 语言过于复杂和庞大，并不适用，安全性也并不令人满意。于是，Bill Joy 先生领导的研究小组着手设计和开发出一种语言，称为 Oak。该语言采用了许多 C 语言的语法，提高了安全性，并且是面向对象的语言，但是 Oak 语言在商业上并未获得成功。到 1995 年，因特网在世界上蓬勃发展，Sun 公司发现 Oak 语言所具有的跨平台、面向对象、安全性高等特点非常符合因特网的需要，于是改进了该语言的设计，以达到如下几个目标：

第一，创建一种面向对象的程序设计语言，而不是面向过程的语言；

第二，提供一个解释执行的程序运行环境，使程序代码独立于平台；

第三，吸收 C 和 C + +的优点，使程序员容易掌握；

第四，去掉 C 和 C + +中影响程序健壮性的部分，使程序更安全，例如指针、内存申请和释放；

第五，实现多线程，使得程序能够同时执行多个任务；

第六，提供动态下载程序代码的机制；

第七，提供代码校验机制以保证安全性。

最终，Sun 公司给该语言取名为 Java 语言，造就了一代成功的编程语言。

二、Java 的定义

Java 根据开发环境的不同有不同的版本。如 Sun 公司的 Java Developers Kit，简称 JDK。后来微软公司推出了支持 Java 规范的 Microsoft Visual J + + Java 开发环境，简称 VJ + +。IBM 公司则推出了 VisualAge for Java 开发环境。

Java 是一种简单的，面向对象的，分布式的，解释的，健壮的、安全的，结构的、中立的，可移植的，性能很优异的，多线程的，动态的语言。

三、Java 的工作原理

Java 虚拟机是软件模拟的计算机，可以在任何处理器上（无论是在计算机中还是在其他电子设备中）安全并且兼容地执行保存在 . class 文件中的字节码。Java 虚拟机的机器码保存在 . class 文件中，有时也可以称为字节码文件。Java 程序的跨平台主要是指字节码文件可以在任何具有 Java 虚拟机的计算机或者电子设备上运行，Java 虚拟机中的 Java 解释器负责将字节码文件解释成为特定的机器码进行运行。Java 源程序需要通过编译器编译成为 . class 文件（字节码文件），Java 程序的编译和执行过程如图 1—1 所示。

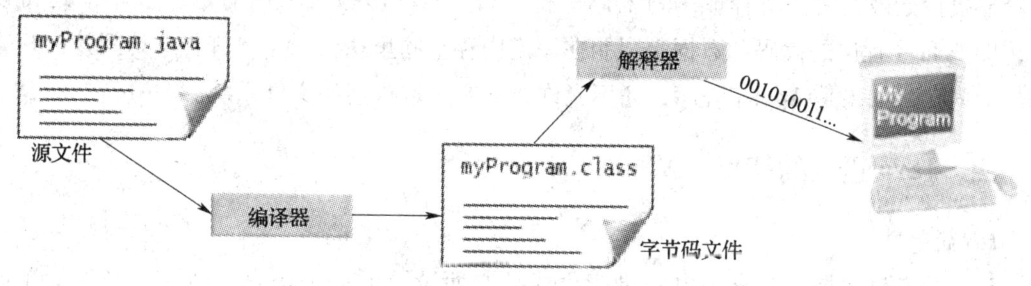

图 1—1　Java 程序的编译和执行

但是，Java 虚拟机的建立需要针对不同的软硬件平台做专门的实现，既要考虑处理器的型号，又要考虑操作系统的种类。目前在 SPARC 结构、X86 结构、MIPS 和 PPC 等嵌入式处理芯片上，在 UNIX、Linux、Windows 和部分实时操作系统上都有 Java 虚拟机的实现，如图 1—2 所示。

1. 内存垃圾回收机制

在程序的执行过程中，部分内存在使用过后就处于废弃状态，如果不及时进行无用内存的回收，就会导致内存丢失，进而导致系统崩溃。在 C + + 语言中是由程序员进行内存回收的，程序员需要在编写程序的时候释放不再使用的对象内存；但是这种人为的管理内存的方法却往往由于程序员的疏忽而致使内存无法回收，同时也增加了程序员的工作量。而在 Java 运行环境中，始终存在一个系统级的线程，专门跟踪内存的使用情况，定期检测出不再使用的内存，并进行自动回收，避免了内存的泄漏，也减轻了程序员的工作量。

图 1—2　Java 平台在计算机系统中的位置

2. 代码安全性检查机制

字节码的执行需要经过三个步骤：首先，由类装载器（class loader）负责把类文件（. class 文件）加载到 Java 虚拟机中，在此过程中需要检验该类文件是否符合类文件规范；其次，字节码校验器（bytecode verifier）检查该类文件的代码中是否存在某些非法操作，例如 Applet 程序中写本机文件系统的操作；最后，如果字节码校验器检验通过，由 Java 解释器负责把该类文件解释成为机器码进行执行。Java 虚拟机采用的是“沙箱”运行模式，即把 Java 程序的代码和数据都限制在一定内存空间里执行，不允许程序访问该内存空间外的内存，如果是 Applet 程序，还不允许访问客户端机器的文件系统。

四、Java 语言的特点

1. 简单性

Java 语言最初是为对家用电器进行集成控制而设计的一种语言，因此它必须简单明了。

Java 语言的简单首先体现在精简的系统上，力图用最小的系统实现足够多的功能；对硬件的要求不高，在小型计算机上便可以很好地运行。

Java 语言的风格类似于 C + + 语言，采用了 C 语言中的大部分语法，摒弃了 C + + 语言中指针和内存管理等容易引发程序错误的地方，提供了丰富的类库。从某种意义上讲，Java 语言是 C 语言和 C + + 语言的一个变种，因此，C + + 程序员可以很快掌握 Java 语言的编程技术。

2. 面向对象

面向对象是 Java 最重要的特性。使用面向对象的编程有许多优点，包括代码重用和更易于维护。Java语言的设计完全是面向对象的，所有的Java程序和Applet程序均是对象，封装性实现了模块化和信息隐藏，继承性实现了代码的重用，用户可以建立自己的类库。而且Java采用的是相对简单的面向对象技术，去掉了运算符重载、多继承的复杂概念，而采用了单一继承、类强制转换、多线程、引用（非指针）等方式。无用内存自动回收机制也使得程序员不必费心管理内存，使程序设计更加简单，同时大大减少了出错的可能。

Java语言不支持类似C语言那样的面向过程的程序设计技术，它支持静态和动态风格的代码继承及重用。Java语言的面向对象特性同C++语言有很多相似之处。

3. 平台无关性

网络上充满了各种不同类型的机器和操作系统，为使Java程序能在网络的任何地方运行，Java编译器编译生成了与体系结构无关的字节码结构文件格式。任何种类的计算机，只要在其处理器和操作系统上有Java语言运行时环境，字节码文件就可以在该计算机上运行。即使是在单一系统的计算机上，结构中立也有非常大的作用。随着处理器结构的不断发展变化，程序员不得不编写各种版本的程序以在不同的处理器上运行，这使得开发出能够在所有平台上工作的软件集合是不可能的。而使用Java语言将使同一版本的应用程序可以在所有的平台上运行。

Java语言是平台无关的语言，用Java编写的应用程序不用修改就可在不同的软硬件平台上运行。Java语言主要靠Java虚拟机在目标码级实现平台无关性。Java虚拟机是一种抽象机器，它附着在具体操作系统之上，本身具有一套虚拟机器指令，并有自己的栈、寄存器组等。但Java虚拟机通常是在软件上而不是在硬件上实现。

Java虚拟机是Java语言平台无关的基础，在Java虚拟机上，有一个Java解释器用来解释Java编译器编译后的程序。Java编程人员在编写完软件后，通过Java编译器将Java源程序（.java文件）编译为Java虚拟机的字节代码（.class文件），此字节码文件是各平台通用的，它不依附于任何一个操作系统。任何一台机器只要配备了Java解释器，就可以运行这个程序，而不管这种字节码是在何种平台上生成的。

4. 多线程

多线程使应用程序可以同时进行不同的操作，处理不同的事件。在多线程机制中，不同的线程处理不同的任务，互不干涉，不会由于某一任务处于等待状态而影响了其他任务的执行，这样就可以实现网络上的实时交互操作。

Java环境本身就是多线程的。若干个系统线程负责必要的无用单元回收、系统维护等系统级操作。Java语言内置多线程控制，可以大大简化多线程应用程序开发。Java语言提供了一个类Thread，由它负责启动、运行、终止线程，并可检查线程状态。Java语言的线程还包括一组同步原语。这些原语负责对线程实行并发控制。利用Java语言的多线程编程接口，开发人员可以方便地写出支持多线程的应用程序，提高程序执行效率。

Java 语言的多线程支持在一定程度上受运行时支持平台的限制。如果操作系统本身不支持多线程，Java 语言的多线程特性可能就表现不出来。

5. 分布式

数据分布是指数据可以分散在网络的不同主机上，操作分布是指把一个计算分散在不同主机上处理。

Java 语言提供了一个称为 URL 的对象，利用这个对象，可以打开并访问具有相同 URL 地址上的对象，访问方式与访问本地文件系统相同。

Java 语言的 Applet 小程序可以从服务器下载到客户端，即部分计算在客户端进行，提高系统执行效率。

Java 语言提供了一整套网络类库，开发人员可以利用类库进行网络程序设计，方便实现 Java 语言的分布式特性。

6. 高性能

虽然 Java 语言是解释执行的，但它仍然具有非常高的性能，在一些特定的 CPU 上，Java 字节码可以快速转换成机器码进行执行。而且 Java 字节码格式的设计就是针对机器码转换的，实际转换时相当简便，自动的寄存器分配与编译器对字节码的一些优化可使之生成高质量的代码。随着 Java 虚拟机的改进和即时编译（just in time）技术的出现使得 Java 语言的执行速度有了更大提高。

7. 解释执行、动态性

为易于实现跨平台性，Java 语言设计成了解释执行，字节码本身包含了许多编译时生成的信息，使连接过程更加简单。

Java 语言在执行过程中，可以动态地加载各种类库，这一特点使之非常适合于网络运行，同时也非常有利于软件的开发，即使应用程序更新类库也不必重新编译。

8. 可靠性

Java 语言是强制类型的语言，要求以显式的方法声明，这保证了编译器可以发现方法调用错误，使程序更加可靠。

Java 语言不支持指针，杜绝了内存的非法访问。

Java 语言的自动垃圾收集机制防止了内存丢失等动态内存分配导致的问题。

Java 解释器运行时实施检查，可以发现数组和字符串访问的越界。

Java 语言提供了异常处理机制，程序员可以把一组错误代码放在一个地方，这样可以简化错误处理任务，便于恢复。

9. 健壮性

Java 语言在编译及运行程序时，都要进行严格的检查。作为一种强制类型语言，Java 语言在编译和连接时都进行大量的类型检查，防止发生不匹配问题。如果引用一个非法类型或执行一个非法类型操作，Java 语言将在解释时指出该错误。在 Java 程序中不能采用地址计算的方法通过指针访问内存单元，大大减少了错误发生的可能性；而且 Java 语言的数组并非用指针实现，这样就可以在检查中避免发生数组越界。无用内存自动回收机制也增加了 Java 语言的健壮性。

10. 安全性

作为网络语言，Java 语言必须提供足够的安全保障，并且要防止病毒的侵袭。Java 语言在运行应用程序时，严格检查其访问数据的权限，比如不允许网络上的应用程序修改本地的数据。下载到用户计算机中的字节代码在其被执行前要经过一个核实工序，一旦字节代码被核实，便由 Java 解释器来执行，该解释器通过阻止对内存的直接访问来进一步提高 Java 语言的安全性。同时 Java 语言极高的健壮性也增强了 Java 语言的安全性。

11. 可移植性

体系结构的中立使得 Java 系统具有可移植性。Java 语言运行时系统可以移植到不同的处理器和操作系统上，Java 编译器是由 Java 语言实现的，解释器是由 Java 语言和标准 C 语言实现的，因此可以较为方便地进行移植工作。

五、Java 程序的类型

Java 程序分为 Java Application（Java 应用程序）、Java Applet（Java 小应用程序）和 Java Servlet（Java 服务器端小程序）三种。

1. Java Application（Java 应用程序）

Java 应用程序像普通的 Windows 应用程序或者 Linux 下 elf 应用程序一样，是用 Java 语言编写的可执行程序。它只能在 Java 虚拟机上运行，而不能在低一级的虚拟机上运行。

2. Java Applet（Java 小应用程序）

Java Applet 是以 Java 程序语言编写的小程序，但必须在浏览器中才可被执行，Applet 程序是一种必须嵌入 HTML 文件中，并由负责解释 HTML 文件的 WWW 浏览器充当解释器，来解释执行 Java Applet 的字节码程序。

3. Java Servlet（Java 服务器端小程序）

Java Servlet 是以 Java 程序语言编写的小程序，与 Applet 不同的是，它是在应用服务器端被解释执行的。

Java Application 与 Applet、Servlet 最明显的区别是 Java Application 的主类包含一个主

方法（main 方法），而 Applet、Servlet 则不包含主方法。另外，Java Application 是独立完整的程序，而 Java Applet 不是独立完整的程序，只是嵌在 Web 中的一个模块；Java Application 用独立的解释器来解释运行，而 Java Applet 是由 Web 浏览器内部包含的 Java 解释器来解释运行的。

第 2 节　Java 平台与程序设计方法

➢了解 Java 平台

➢掌握面向过程的程序设计方法

➢掌握面向对象的程序设计方法

一、Java 平台

Java 不仅是编程语言，还是一个开发平台，Java 技术给程序员提供了许多工具：编译器、解释器、文档生成器和文件打包工具等。同时 Java 还是一个程序发布平台，有两种主要的“发布环境”：首先，Java 运行时环境（Java runtime environment，简称 JRE）包含了完整的类文件包；其次，许多主要的浏览器都提供了 Java 解释器和运行时环境。目前 Sun 公司把 Java 平台划分成 J2EE、J2SE、J2ME 三个平台，针对不同的市场目标和设备进行定位。J2EE 是 Java2 Enterprise Edition，主要目的是为企业计算提供一个应用服务器的运行和开发平台。J2EE 本身是一个开放的标准，任何软件厂商都可以推出自己的符合 J2EE 标准的产品，使用户可以有多种选择。IBM、Oracle、BEA、HP 等 29 家公司已经推出了自己的产品，其中尤以 BEA 公司的 WebLogic 产品和 IBM 公司的 WebSphare 最为著名。J2EE 将逐步发展成为可以与微软的. NET 战略相对抗的网络计算平台。J2SE 是 Java2 Standard Edition，主要目的是为台式机和工作站提供一个开发和运行的平台。在学习 Java 的过程中，主要采用 J2SE 进行开发。J2ME 是 Java2 Micro Edition，主要面向消费电子产品，为消费电子产品提供一个 Java 的运行平台，使得 Java 程序能够在手机、机顶盒、PDA 等产品上运行。上述三个 Java 平台的关系如图 1—3 所示。

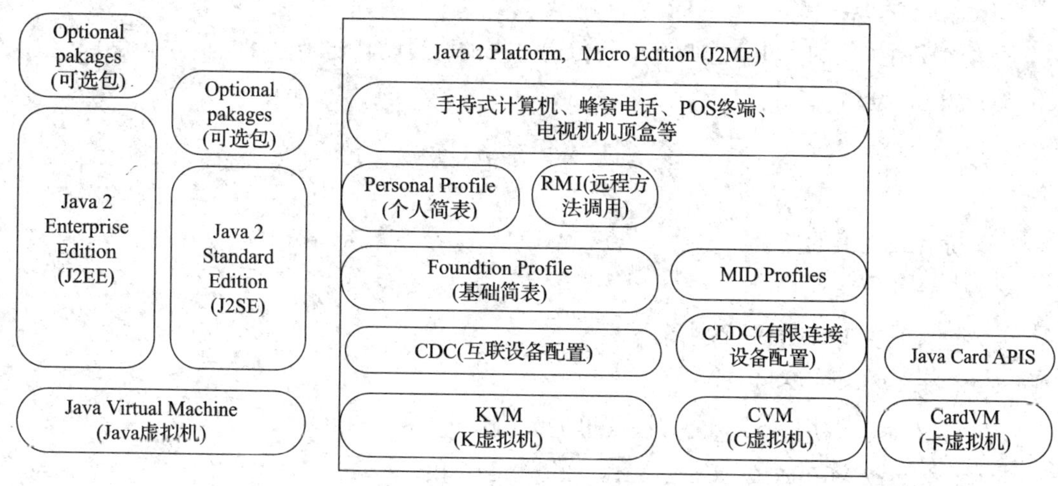

图 1—3 Java 平台之间的关系

二、面向过程的程序

早期的编程语言如 FORTRAN、C 语言基本上都是面向过程的语言，其编程的主要思路专注于算法的实现。例如下面是一个面向过程的求正整数最大值的程序：

```
//比较两个值的大小，这两个值是传递过来的,假设其初始值
int number1 = 0;
int number2 = 1;
//持有最大值的变量
int max =0;
if (number1 > number2){
    max = number1;
} else {
    max = number2;
}
//打印最大值 max
System.out.println ("The maximum is" + max);
```

该程序段主要实现了求最大值的算法，但是，如果考虑用面向对象的编程，可以是另外一种方式：

```
//比较两个值的大小，这两个值是传递过来的，假设其初始值
int number1 = 0;
int number2 = 1;

//持有最大值的变量
int max =0;
//max 是类 Max 的一个对象
Max max = new Max ();
//对象 max 调用 getMax 方法获得最大值
max = max.getMax (number1, number2);
//打印最大值 max
System.out.println ("The maximum is" + max);
```

三、面向对象的程序

1. 面向对象的基本思想与基本概念

（1）面向对象的基本思想。面向对象是一种新兴的程序设计方法，或者是一种新的程序设计规范。其基本思想是使用对象、类、继承、封装、消息等基本概念来进行程序设计。从现实世界中客观存在的事物（即对象）出发来构造软件系统，并且在系统构造中尽可能运用人类的自然思维方式。开发一个软件是为了解决某些问题，这些问题所涉及的业务范围称为该软件的问题域。在计算机科学世界里，面向对象的思想不是一个新生事物，其应用领域也不仅仅是软件，在计算机体系结构和人工智能等学科中有着广泛的体现。

（2）面向对象的基本概念

1）对象的基本概念。对象是系统中用来描述客观事物的一个实体，它是构成系统的一个基本单位。一个对象由一组属性和围绕这些属性进行的一组操作组成。从更抽象的角度来说，对象是问题域或实现域中某些事物的一个抽象，它反映该事物在系统中需要保存的信息和发挥的作用；它是一组属性和有权对这些属性进行操作的一组服务的封装体。客观世界是由对象和对象之间的联系组成的。

2）类的基本概念。把众多的事物归纳、划分成一些类是人类在认识客观世界时经常采用的思维方法。分类的原则是抽象。类是具有相同属性和服务的一组对象的集合，它为属于该类的所有对象提供了统一的抽象描述，其内部包括属性和服务两个主要部分。在面

向对象的编程语言中，类是一个独立的程序单位，它应该有一个类名并包括属性说明和服务说明两个主要部分。类与对象的关系就如模具和铸件的关系，类的实例化结果就是对象，而对一类对象的抽象就是类。

例如，可以定一个类 Apple，它有如下的属性，如 color，weight，tast 等。那么就可以这样定义 Apple 类：

```
class Apple{
    private String color;
    private String weight;
    private String tast;
    .....
}
```

2. 面向对象的基本特征

（1）封装性。封装性就是把对象的属性和服务结合起来，并隐蔽对象的内部实现细节，包含两个含义：

第一，把对象的全部属性和全部服务结合在一起，形成一个独立单位（即对象）。

第二，信息隐蔽，即尽可能隐蔽对象的内部实现细节，对外形成一个边界（或者说形成一道屏障），只保留有限的对外接口使之与外部发生联系。

封装的原则在软件上的反映是：要求使对象以外的部分不能随意存取对象的内部数据（属性），从而有效地避免了外部错误对它的“交叉感染”，使软件错误能够局部化，大大减少查错和排错的难度。除此之外，封装也提高了对象的重用性。

（2）继承性。特殊类的对象拥有一般类的全部属性与服务，称为特殊类对一般类的继承。例如，轮船、客轮，人、大人。一个类可以是多个一般类的特殊类，它从多个一般类中继承了属性与服务，这称为多继承。例如，客轮是轮船和客运工具的特殊类。在 Java 语言中，通常称一般类为父类（superclass，超类），特殊类为子类（subclass）。

（3）多态性。对象的多态性是指在一般类中定义的属性或服务被特殊类继承之后，可以具有不同的数据类型或表现出不同的行为。这使得同一个属性或服务在一般类及其各个特殊类中具有不同的语义。例如，几何图形的绘图方法，椭圆和多边形都是几何图形的子类，其绘图方法各不同。

3. 面向对象程序的设计方法

（1）面向对象的分析（object oriented analysis，OOA）。面向对象的分析就是抽取和整理用户需求并建立问题域精确模型的过程。通常，面向对象的分析过程从分析陈述用户需求的文件开始。但是，不应该认为需求陈述是一成不变的，而应该将其作为细化和完善实际需求的基础。系统分析员应该深入理解用户需求，抽象出目标系统的本质属性，并用模型准确地表示出来。

（2）面向对象的设计（object oriented design，OOD）。面向对象的设计是将面向对象分析所创建的分析模型进一步细化形成软件设计模型的过程。其主要工作分为两个阶段：高层设计和类设计。高层设计阶段开发系统的结构，即构造应用软件的总体模型。类设计就是把每个子系统或者子功能当成一个类来实现，这个类可聚集其他部件，提供一组操作。

（3）面向对象的实现（object oriented implementation，OOI）。面向对象的实现是核心问题。在只用面向对象风格所写的系统中，所有的数据都被封装在类的实例中，而整个应用则被封装在一个更高级的类中。这种封装和类提供的标准界面很容易把类所表达的特性嵌入到应用中去。

四、编写一个简单的 Java 程序

编写一个 Java 应用程序，它能够利用来自 Java 标准库的 System 对象的多种方法，打印出与当前运行的系统有关的资料。其中“//”代表一种注释方式，表示从这个符号开始到这行结束的所有内容都是注释。这个程序为一个向控制台输出 Hello World 的程序。

程序如下：

```
//这是我们的第一个 Java Application
public class HelloWorld {

  /**
   * @ param args
   */
  public static void main  (String[] args){
      //向控制台输出 Hello World!
      System.out.println  ("Hello World!");
  }

}
```

第 3 节　Java 程序规范

知识要求

➢了解 Java 源程序结构

➢掌握 Java 编程规范

一、Java 源程序结构

一个完整的 Java 源程序应该包括下列部分：

第一，package 语句。该部分至多只有一句，必须放在源程序的第一句。

第二，import 语句。该部分可以有若干 import 语句或者没有，必须放在所有的类定义之前。

第三，public classDefinition 是公共类定义部分，至多只有一个公共类的定义；Java 语言规定该 Java 源程序的文件名必须与该公共类名完全一致。classDefinition 是类定义部分，可以有 0 个或者多个类定义。

interfaceDefinition 是接口定义部分，可以有 0 个或者多个接口定义。

例如，一个 Java 源程序可以是如下结构，该源程序命名为 HelloWorldApp. java：

```
package Javawork.helloworld; /*把编译生成的所有.class 文件放到包
                                 Javawork.helloworld 中*/
import java.awt.*;   //告诉编译器本程序中用到系统的 AWT 包
import Javawork.newcentury; /*告诉编译器本程序中用到用户自定义
                                 的包 Javawork.newcentury*/
public class HelloWorldApp{......} /*公共类 HelloWorldApp 的定义,
                                        名字与文件名相同*/
class TheFirstClass{......} //第一个普通类 TheFirstClass 的定义
class TheSecondClass{......} //第二个普通类 TheSecondClass 的定义
                           ......//其他普通类的定义
```

```
interface TheFirstInterface{......} /*第一个接口
                              TheFirstInterface 的定义*/
                              .. .... //其他接口定义
```

1. package 语句

由于 Java 编译器为每个类生成一个字节码文件，且文件名与类名相同，因此同名的类有可能发生冲突。为了解决这一问题，Java 语言提供包来管理类名空间，包实际提供了一种命名机制和可见性限制机制。而在 Java 语言的系统类库中，把功能相似的类放到一个包（package）中，例如所有的图形界面的类都放在 java. awt 这个包中，与网络功能有关的类都放到 java. net 这个包中。用户自己编写的类（指. class 文件）也应该按照功能放在由程序员自己命名的相应的包中，例如上例中的 Javawork. helloworld 就是一个包。包在实际的实现过程中是与文件系统相对应的，例如 Javawork. helloworld 所对应的目录是 path \ Javawork \ helloworld，而路径是在编译该源程序时指定的。比如在命令行中编译上述 HelloWorldApp. java 文件时，可以在命令行中键入“Javac – d f: \Javaproject HelloWorldApp. java”，则编译生成的 HelloWorldApp. class 文件将放在目录 f: \Javaproject \Javawork \helloworld \下面，此时 f:\Javaprojcet 相当于路径。但是如果在编译时不指定路径，则生成的. class 文件将放在编译时命令行所在的当前目录下面。比如在命令行目录 f: \Javaproject 下键入编译命令“Javac HelloWorldApp. java”，则生成的 HelloWorldApp. class 文件将放在目录 f: \Javaproject 下面，此时的 package 语句相当于没起作用，程序无法运行。

但是，如果程序中包含了 package 语句，则在运行时就必须包含包名。例如，HelloWorldApp. java 程序的第一行语句是：package p1. p2；编译的时候在命令行下输入“Javac – dpath HelloWorldApp. java”，则 HelloWorldApp. class 将放在目录 path \ p1 \ p2 的下面，这时候运行该程序时有两种方式：

第一种：在命令行下的 path 目录下输入字符“Java p1. p2. HelloWorldApp”。

第二种：在环境变量 classpath 中加入目录 path，则运行时在任何目录下输入“Java p1. p2. HelloWorldApp” 即可。

2. import 语句

如果在源程序中用到了除 java. lang 这个包以外的类，无论是系统的类还是自己定义的包中的类，都必须用 import 语句标出，以通知编译器在编译时找到相应的类文件。例如 java. awt 是系统的包，而 Javawork. newcentury 是用户自定义的包。又如程序中用到了类 Button，而 Button 是属于包 java. awt 的，在编译时编译器将从目录 classpath \ Java \ awt 中寻找类 Button，classpath 是事先设定的环境变量，比如可以设为 classpath = . ;d : \jdk1. 4 \lib\。classpath 也可以称为类路径，需要注意的是，在 classpath 中往往包含多个路径，用分号隔开。例如 classpath = . ;d : \jdk1. 4 \lib\ 中的第一个分号之前的路径是一个点，表示当前目录，分号后面的路径是 d : \jdk1. 4 \lib\，表示系统的标准类库目录。在编译过程中寻找类时，先从环境变量 classpath 的第一个目录开始往下找，比如先从当前目录往下找 java. awt 中的类 Button，若编译器找不着，则从环境变量 classpath 的第二个目录开始往下找，即从系统的标准类库目录 d : \jdk1. 4 \lib 开始往下找 java. awt 的 Button 这个类。如果要从一个包中引入多个类则在包名后加上". *"表示。

如果程序中用到了用户自己定义的包中的类，假如在上面程序中要用到 Javawork. newcentury 包中的类 HelloWorldApp，而包 Javawork. newcentury 所对应的目录是 f : \Javaproject\Javawork\newcentury，classpath 仍旧是 classpath = . ;d : \jdk1. 4 \lib\，则编译器在编译时将首先从当前目录寻找包 Javawork. newcentury，结果是没有找到；然后又从环境变量 classpath 的第二个目录 d : \jdk1. 4 \lib\ 开始往下找，仍然没有找到。原因在于包 Javawork. newcentury 是放在目录 f : \Javaproject 下面的。因此，需要重新设定环境变量 classpath，设为 classpath = . ;d : \jdk1. 4 \lib\ ;f : \Javaproject\。编译器从 f : \Javaproject 开始找包 Javawork. newcentury 就可以找到。

3. 源文件的命名规则

如果在源程序中包含公共类的定义，则该源文件名必须与该公共类的名字完全一致，字母的大小写必须一样。这是 Java 语言的一个严格的规定，如果不遵守，在编译时就会出错。因此，在一个 Java 源程序中至多只能有一个公共类的定义。如果源程序中不包含公共类的定义，则该文件名可以任意取名。如果在一个源程序中有多个类定义，则在编译时将为每个类生成一个 . class 文件。

二、Java 编程规范

软件开发是一个集体协作的过程，程序员之间的代码经常要进行交换阅读，因此，Java 源程序有一些约定俗成的命名规定和格式，主要目的是为了提高 Java 程序的可读性。

1. 文件名

Java 程序使用下列文件后缀：

Java 源文件用 . java，Java 字节码文件用 . class。

2. 文件组织

一个文件由被空行分割而成的段落以及标出每个段落的可选注释组成。超过 2 000 行的程序难以阅读，应该尽量避免。Java 源文件范例提供了一个布局合理的 Java 程序范例。

（1）Java 源文件。每个 Java 源文件都包含一个单一的公共类或接口。若私有类和接口与一个公共类相关联，可以将它们和公共类放入同一个源文件。公共类必须是这个文件中的第一个类或接口。

Java 源文件还遵循以下规则：

1）开头注释。所有的源文件都应该在开头有一个 C 语言风格的注释，其中列出类名、版本信息、日期和版权声明。例如：

```
/*
* Classname
*
* Version information
*
* Date
*
* Copyright notice
*/
```

2）包和引入语句。在多数 Java 源文件中，第一个非注释行是包语句。在它之后可以加入引入语句。例如：

```
package java.awt;
import java.awt.peer.CanvasPeer;
```

3）类和接口声明。例如：

```
class Circle{
……
}
public interface shape{
……
}
```

（2）缩进排版。4 个空格常被作为缩进排版的一个单位。缩进的确切解释并未详细指定。一个制表符等于 8 个空格。

1）行长度。尽量避免一行的长度超过 80 个字符，因为很多终端和工具不能很好处理过长的行。

2）换行。当一个表达式无法容纳在一行内时，可以依据如下一般规则断开：

①在一个逗号后面断开。

②在一个操作符前面断开。

③选择较高级别（higher-level）的断开，而非较低级别（lower-level）的断开。

④新的一行应该与上一行同一级别表达式的开头处对齐。

⑤如果以上规则导致代码混乱或者使代码都堆挤在右边，那就代之以缩进 8 个空格。

【例 1—1】 断开方法调用举例：

```
someMethod (longExpression1,longExpression2,longExpression3,
        longExpression4,longExpression5);
var = someMethod1 (longExpression1,
                someMethod2 (longExpression2,
                        longExpression3));
```

【例 1—2】 两个断开算术表达式举例：

```
longName1 = longName2 * (longName3 + longName4 - longName5)
          +4 * longname6; //PREPER
longName1 = longName2 * (longName3 + longName4
                        - longName5) +4 * longname6; //AVOID
```

前者更好，因为断开处位于括号表达式的外边，这是个较高级别的断开。

【例 1—3】 两个缩进方法声明举例：

```
//CONVENTIONAL,INDENTATION
someMethod (int anArg,Object anotherArg,String yetAnotherArg,
           Object andStillAnother){
    ...
}
//INDENT 8 SPACES TO AVOID VERY DEEP INDENTS
private static synchronized horkingLongMethodName (int anArg,
        Object anotherArg,String yetAnotherArg,
        Object andStillAnother){
```

```
    ...
}
```

前者是常规情形；后者若使用常规的缩进方式将会使第二行和第三行移得很靠右，所以代之以缩进 8 个空格。

【例 1—4】 if 语句的换行通常使用 8 个空格的规则，因为常规缩进（4 个空格）会使语句体看起来比较费劲，例如：

```
//DON'T USE THIS INDENTATION
if ((condition1 && condition2)
    || (condition3 && condition4)
    ||! (condition5 && condition6)){ //BAD WRAPS
    doSomethingAboutIt ();           //MAKE THIS LINE EASY TO MISS
}

//USE THIS INDENTATION INSTEAD
if ((condition1 && condition2)
        || (condition3 && condition4)
        ||! (condition5 && condition6)){
    doSomethingAboutIt ();
}

//OR USE THIS
if ((condition1 && condition2)||(condition3 && condition4)
        ||! (condition5 && condition6)){
    doSomethingAboutIt ();
}
```

这里有三种可行的方法用于处理三元运算表达式：

```
alpha =(aLongBooleanExpression)? bata:gamma;

alpha =(aLongBooleanExpression)? bata
                               :gamma;

alpha =(aLongBooleanExpression)
        ? bata
```

```
:gamma;
```

3. 注释

Java 程序有两类注释：实现注释（implementation comments）和文档注释（document comments）。实现注释是那些在 C++ 中见过的，使用/*... */和//界定的注释。文档注释是 Java 独有的，并由/**... */界定。文档注释可以通过 Javadoc 工具转换成 HTML文件。

实现注释用以注释代码或者实现细节。文档注释从实现自由（implementation-free）的角度描述代码的规范。它可以被那些没有源代码的开发人员读懂。

注释应被用来给出代码的总括，并提供代码自身没有提供的附加信息。注释应该仅包含与阅读和理解程序有关的信息。例如，相应的包如何被建立或位于哪个目录下之类的信息不应包括在注释中。

在注释里，可以对设计决策中重要的或者不是显而易见的地方进行说明，但应避免提供代码中已清晰表达出来的重复信息。多余的注释很容易过时。通常应避免那些代码更新就可能过时的注释。

注意：频繁的注释有时反映出代码的低质量。当觉得被迫要加注释的时候，应考虑一下重写代码使其更清晰。

注释不应写在用星号或其他字符画出来的大框里。注释不应包括诸如制表符和回退符之类的特殊字符。

（1）实现注释。程序有 4 种实现注释的风格：块（block）、单行（single-line）、尾端（trailing）和行末（end-of-line）。

1）块注释。块注释通常用于提供对文件、方法、数据结构和算法的描述。块注释被置于每个文件的开始处以及每个方法之前。它们也可以被用于其他地方，比如方法内部。在功能和方法内部的块注释应该和它们所描述的代码具有一样的缩进格式。

块注释之首应该有一个空行，用于把块注释和代码分割开来，比如：

```
/*
 * Here is a block comment.
 */
```

块注释可以以/*开头，这样 indent（1）就可以将之识别为一个代码块的开始，而不会重排它。

2）单行注释。短注释可以显示在一行内，并与其后的代码具有一样的缩进层级。如果一个注释不能在一行内写完，就该采用块注释。单行注释之前应该有一个空行。以下是一个 Java 代码中单行注释的例子：

```
if  (condition){
        /*  Handle the condition.*/
        …
}
```

3)尾端注释。极短的注释可以与它们所要描述的代码位于同一行,但是应该有足够的空格来分开代码和注释。若有多个短注释出现在大段代码中,它们应该具有相同的缩进。

以下是一个 Java 代码中尾端注释的例子：

```
if  (a = =2){
      return TRUE;             /* special case */
}else{
    return isPrime  (a);    /* works only for odd a */
}
```

4）行末注释。注释界定符“//”，可以注释整行或者一行中的一部分。它一般不用于连续多行的注释文本；然而，它可以用来注释连续多行的代码段。以下是所有三种风格的例子：

```
if  (foo >1){
      //Do a double - flip.
      …
}
else{
      return false;             //Explain why here.
}
//if  (bar >1){
//
//    //Do a triple - flip.
//    …
//}
//else{
//return false;
//}
```

（2）文档注释。文档注释描述 Java 的类、接口、构造器、方法和字段（field）。每个文档注释都会被置于注释定界符/ * *... */之中，一个注释对应一个类、接口或成员。

该注释应位于声明之前：

```
/* *
 * The Example class provides...
 * /
public class Example{...
```

顶层（top-level）的类和接口是不缩进的，而其成员是缩进的。描述类和接口的文档注释的第一行（/* *）不需缩进，随后的文档注释每行都缩进1格（使星号纵向对齐）。成员，包括构造函数在内，其文档注释的第一行缩进4格，随后每行都缩进5格。

若想给出有关类、接口、变量或方法的信息，而这些信息又不适合写在文档中，则可使用实现块注释或紧跟在声明后面的单行注释。例如，有关一个类实现的细节，应放入紧跟在类声明后面的实现块注释中，而不是放在文档注释中。

文档注释不能放在一个方法或构造器的定义块中，因为Java会将位于文档注释之后的第一个声明与其相关联。

4. 声明

（1）变量声明。每行声明变量的数量推荐一行一个声明，因为这样以利于写注释。例如：

```
int level;//indentation level
int size; //size of table
```

要优于

```
int level,size;
```

不要将不同类型变量的声明放在同一行，例如：

```
int foo,fooarray[];//WRONG!
```

注意：上面的例子中，在类型和标识符之间放了一个空格，另一种被允许的替代方式是使用制表符：

```
int        level;          //indentation level
int        size;           //size of table
Object     currentEntry    //currently selected table entry
```

（2）初始化。尽量在声明局部变量的同时初始化。唯一不这么做的理由是变量的初始值依赖于某些先前发生的计算。

（3）布局。只在代码块的开始处声明变量（一个块是指任何被包含在大括号中间的代码）。不要在首次用到该变量时才声明。这会使程序员难以看懂，同时会妨碍代码在该作用域内的可移植性。

```
void myMethod () {
    int int1 =0;            //beginning of method block

    if (condition) {
        int int2 =0;            //beginning of "if" block
        ...
    }
}
```

该规则的一个例外是 for 循环的索引变量

```
for (int i =0;i <mzxLoops;i + +) {...}
```

避免声明的局部变量覆盖上一级声明的变量。例如，不要在内部代码块中声明相同的变量名：

```
int count;
...
myMethod () {
    if (condition) {
      int count;          //AVOID!
      ...
    }
    ...
}
```

（4）类和接口的声明。当编写类和接口时，应该遵守以下格式规则：

1）在方法名与其参数列表之前的左括号间不要有空格。

2）左大括号位于声明语句同行的末尾。

3）右大括号另起一行，与相应的声明语句对齐，除非是一个空语句，右大括号应紧跟在左大括号之后。

4）方法与方法之间以空行分隔。

例如：

```
class Sample extends Object {
    int ivar1;
    int ivar2;
```

```
        Sample (int i,int j){
            ivar1 = i;
            ivar2 = j;
        }
        int emptyMethod (){}
        ...
    }
```

5. 语句规范

(1) 简单语句。每行至多包含一条语句，例如：

```
argv++;            //Correct
argc++;            //Correct
argv++;argc--;           //AVOID!
```

(2) 复合语句。复合语句是包含在大括号中的语句序列，形如“{语句}”。例如下面这段：

```
if (a>b){
    temp = a;
    a = b;
    b = temp;
}
```

1) 被括其中的语句应该较之复合语句缩进一个层次。

2) 左大括号应位于复合语句起始行的行尾，右大括号应另起一行并与复合语句首行对齐。

3) 大括号可以被用于所有语句，包括单个语句，只要这些语句是诸如 if-else 或 for 控制结构的一部分。这样便于添加语句并且无须担心由于忘了加括号而出错。

(3) 返回语句。一个带返回值的 return 语句不使用小括号，除非它们以某种方式使返回值更为显见。例如：

```
return;
return myDisk.size ();
return (size ? size:defaultSize);
```

(4) if, if-else, if else-if else 语句。if-else 语句应该具有如下格式：

```
if (condition){
        statements;
```

```
}
if (condition){
    statements;
}else{
    statements;
}
if (condition){
    statements;
}else if (condition){
    statements;
}else{
    statements;
}
```

注意：if 语句总是用大括号括起来，避免使用如下容易引起错误的格式：

```
if (condition)//AVOID! THIS OMITS THE BRACES{}!
    statement;
```

（5）for 语句。一个 for 语句应该具有如下格式：

```
for (initialization;condition;update){
    statements;
}
```

一个空的 for 语句(所有工作都在初始化,条件判断,更新子句中完成)应该具有如下格式：

```
for (initialization;condition;update);
```

当在 for 语句的初始化或更新子句中使用逗号时，避免因使用三个以上变量而导致复杂度提高。若需要，可以在 for 循环之前（为初始化子句）或 for 循环末尾（为更新子句）使用单独的语句。

（6）while 语句。一个 while 语句应该具有如下格式：

```
while (condition){
    statements;
}
```

一个空的 while 语句应该具有如下格式：

```
while (condition);
```

(7) do - while 语句。一个 do - while 语句应该具有如下格式：

```
do{
    statements;
}while (condition);
```

(8) switch 语句。一个 switch 语句应该具有如下格式：

```
switch (condition){
case ABC:
    statements;
    /* falls through */
case DEF:
    statements;
    break;
case XYZ:
    statments;
    break;
default:
    statements;
    break;
}
```

每当一个 case 顺序执行时（因为没有 break 语句），通常应在 break 语句的位置添加注释。上面的示例代码中就包含注释/* falls through */。

(9) try - catch 语句。一个 try - catch 语句应该具有如下格式：

```
try{
    statements;
}catch (ExceptionClass e){
    statements;
}
```

一个 try - catch 语句后面也可能跟着一个 finally 语句，不论 try 代码块是否顺利执行完，它都会被执行。例如：

```
try{
    statements;
}catch (Exceptionclass e){
```

```
            statements;
        }finally{
            statements;
        }
```

6. 空白

（1）空行。空行将逻辑相关的代码段分隔开，以提高可读性。

1）下列情况应该总是使用两个空行：

①一个源文件的两个片段（section）之间。

②类声明和接口声明之间。

2）下列情况应该总是使用一个空行：

①两个方法之间。

②方法内的局部变量和方法的第一条语句之间。

③块注释或单行注释之前。

④一个方法内的两个逻辑段之间。

（2）空格。下列情况应该使用空格：

1）一个紧跟着括号的关键字应该被空格分开。

例如：

```
while (true){
    …
}
```

注意：空格不应该置于方法名与其左括号之间。这将有助于区分关键字和方法调用。

2）空格应该位于参数列表中逗号的后面。

3）所有的二元运算符，除了“.”，应该使用空格将之与操作数分开。一元操作符和操作数之间不应该加空格，如负号、自增（“++”）和自减（“--”）。

例如：

```
a += c + d;
a = (a + b) / (c * d);
while (d++ = s++){
    n++;
}
prints ("size is" + foo + "\n");
```

7. 命名规范

（1）包名。包名是全小写的名词，中间可以用点分隔开，例如 java. awt. event。

（2）类名。首字母大写，通常由多个单词合成一个类名，要求每个单词的首字母也要大写，例如 Class HelloWorldApp。

（3）接口名。命名规则与类名相同，例如 interface Collection。

（4）方法名。往往由多个单词合成，第一个单词通常为动词，首字母小写，中间的每个单词的首字母都要大写，例如 balanceAccount，isButtonPressed。

（5）变量名。全小写，一般为名词，例如 length。

（6）常量名。基本数据类型的常量名为全大写，如果是由多个单词构成，可以用下划线隔开，例如 int YEAR，int WEEK_ OF_ MONTH；如果是对象类型的常量，则是大小写混合，由大写字母把单词隔开。

第 2 章

开发环境的搭建

按照本书的环境，JDK 和 Eclipse 可以安装到 C 盘下，当然也可以安装到其他磁盘下。同学们也可以使用其他的 Java IDE 开发工具，例如 JBuilder 和 JCreator 等。

为了开发 Java 程序，Sun 公司为所有的 Java 程序员提供了一套免费的 Java 开发和运行环境，取名为 Java2 SDK，可以从 http://www.sun.com 上下载。但是最新的消息和版本必须从 Sun 公司的网站上才能得到。安装的时候可以选择安装到任意的硬盘驱动器上，例如安装到 D:\jdk1.4 目录下。通常在 JDK 目录下有 bin、demo、lib、jre 等子目录，其中 bin 目录保存了 Javac、Java、appletviewer 等命令文件，demo 目录保存了许多 Java 的例子，lib 目录保存了 Java 的类库文件，jre 保存的是 Java 的运行时环境。

Sun 公司没有像微软提供 MSDN 那样完善的帮助文档，它只提供了网页形式的 Java2 SDK API 文档，这些文档也可以从 http://www.sun.com 上下载。

Java2 SDK 只有一个开发工具包，并不是一个 IDE（集成开发环境），要想快速开发 Java 程序有很多的 IDE 工具可以选择，比较有名的有 JBuilder、JCreator 和 Eclipse 等。由于 Eclipse 功能具有可以通过安装插件扩充、绿色软件（不需安装）、完全免费、初学者容易使用等优点，本书将以 Eclipse 作为案例讲解和开发的工具。

第 1 节　Java 资源的获取与安装

- 掌握 JDK 的下载与安装方法
- 掌握 JDK API 文档的下载及使用方法
- 掌握 Eclipse 使用集成开发环境

一、JDK 的下载与安装

1. JDK 的下载

可以从 Sun 公司的官方网站下载最新的 JDK 版本，也可以从其他专业的网站下载相应的 JDK 安装文件。本书中所使用安装实例基于 J2SDK 1.4，其他版本会略有差别，请参考 JDK 安装帮助。

下载 J2SE1.4.X for windows，http://java.sun.com/j2se/1.4.2/download.html。J2SE.1.4 下载页面如图 2—1 所示。

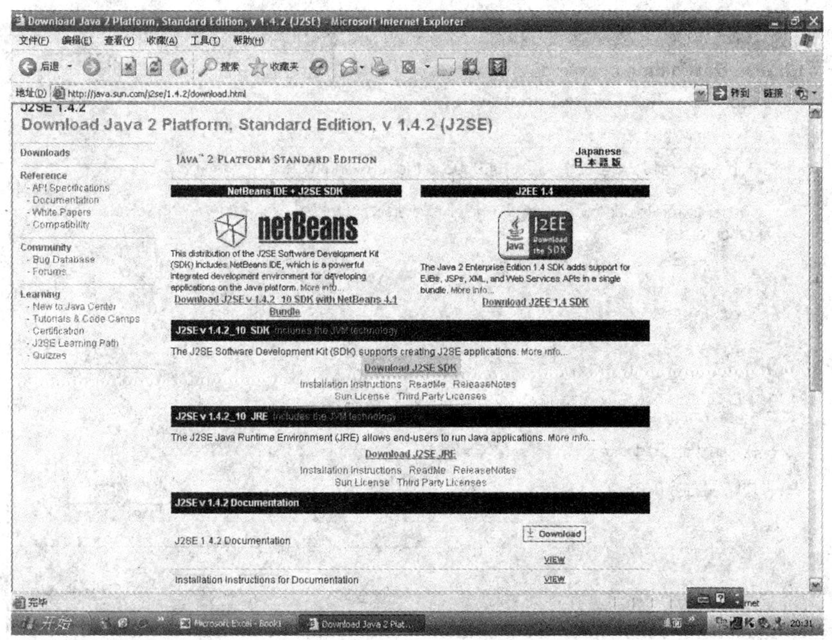

图 2—1 J2SE. 1. 4 下载页面

2. JDK 的安装

双击所下载的安装文件的图标，按照步骤及提示完成安装过程。对于初学者，在整个安装过程中，可选择相应的默认值即可。

选择安装到 C:\j2sdk1. 4. 0_03 目录，如图 2—2 所示。

3. Java 开发环境的设置

安装结束后，需要设置相应的环境变量，从而能执行 JDK 的命令行。步骤如下：

(1) 右击“我的电脑”，在弹出的快捷菜单中单击“属性”→“高级”→“环境变量”命令，如图 2—3 所示。

(2) 在环境变量 path 中，增加 C:\j2sdk1. 4. 2\bin；的配置，如图 2—4 所示。

(3) 添加一个 JAVA_ HOME，变量值为 C:\j2sdk1. 4. 2，如图 2—5 所示。

二、JDK API 文档下载与使用

JDK 1. 4 API 文档下载与下载 J2SE1. 4. X for windows 在同一个地址：http://java. sun. com/j2se/1. 4. 2/download. html。步骤如下：

1. 进入 JDK 1. 4 API 文档下载页面，如图 2—6 所示。

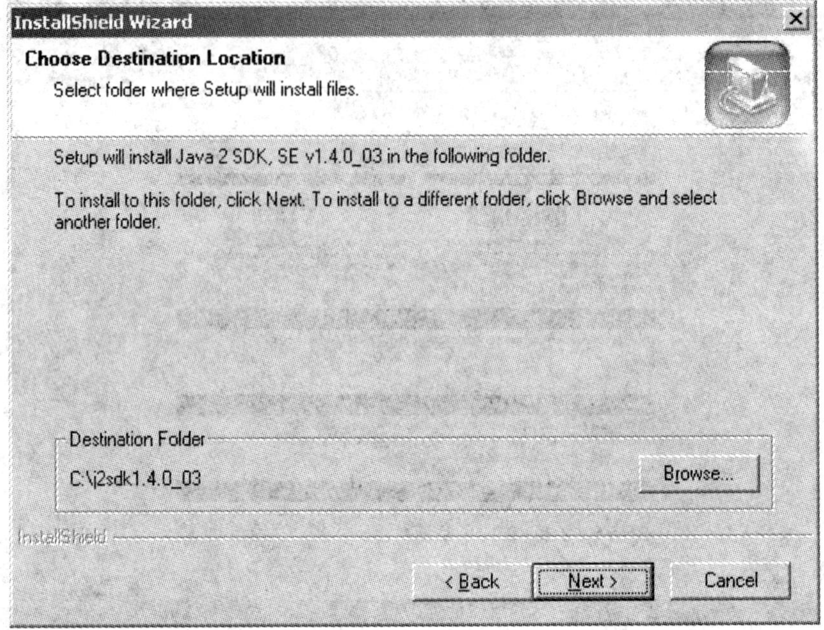

图 2—2　安装 J2SE. 1. 4

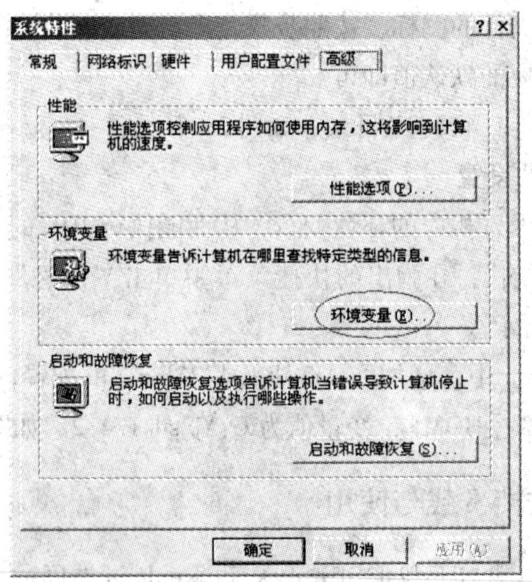

图 2—3　设置系统环境变量

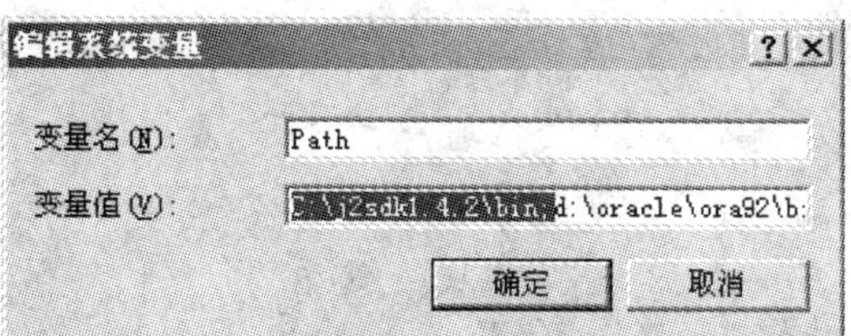

图 2—4　设置 path 环境变量

图 2—5　增加 JAVA_ HOME 环境变量

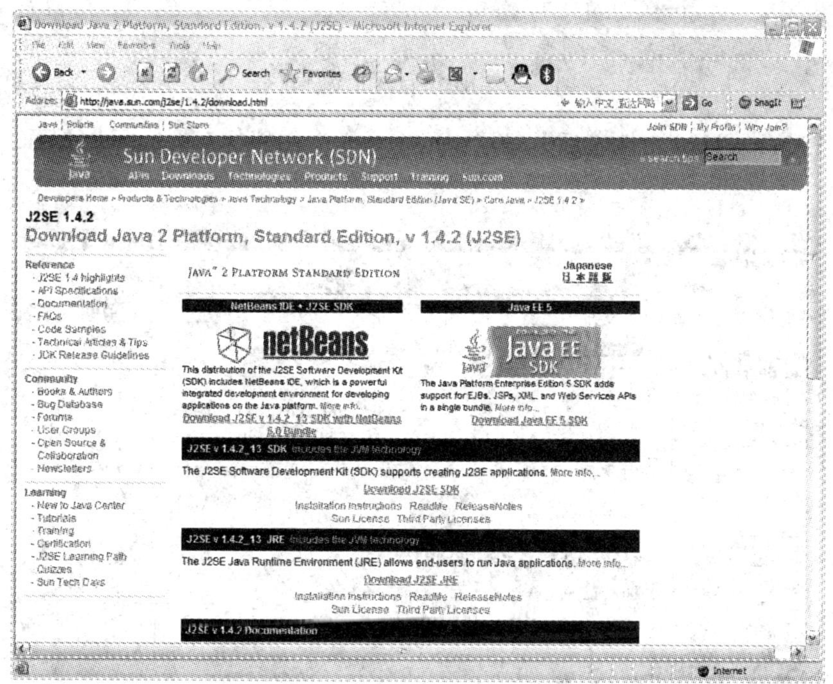

图 2—6　JDK 1.4 API 文档下载页面

2. 解压下载的压缩包，在解压目录下的 api 目录有一个 index. html 文件。JDK 1.4 API 文档目录如图 2—7 所示。

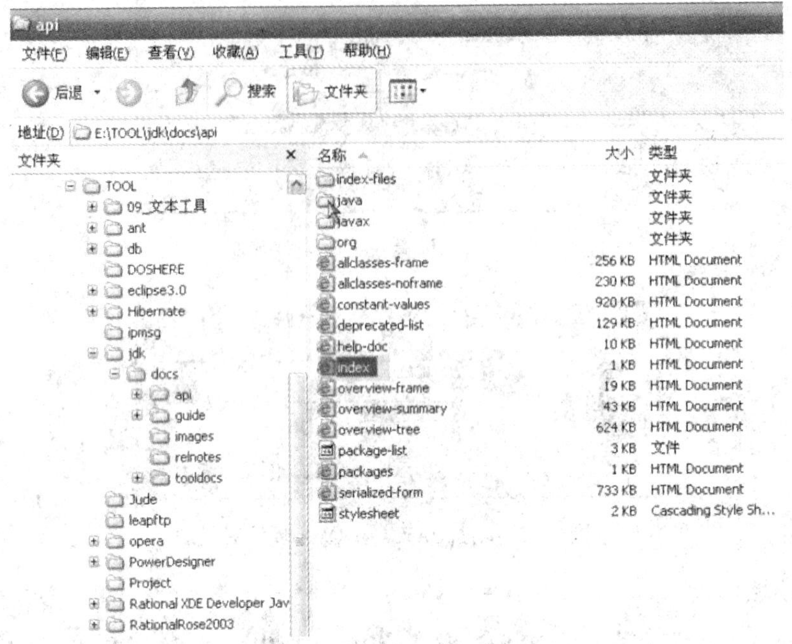

图 2—7　JDK 1.4 API 文档目录

3．打开 index. html 文件之后，显示 JDK 1.4 API 文档的 index. html 页面，如图 2—8 所示。

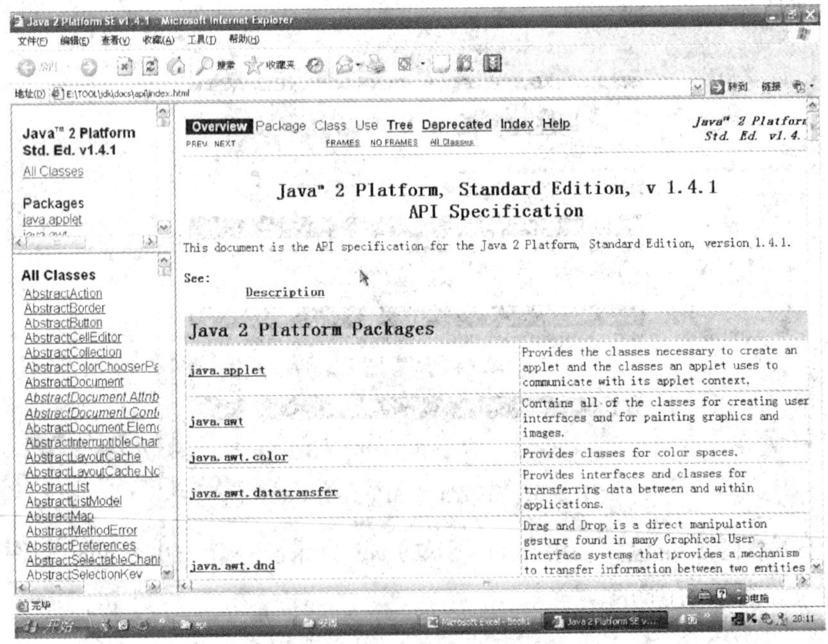

图 2—8　JDK 1.4 API 文档的 index. html 页面

4. JDK 1.4 API 文档的页面结构如图 2—9 所示。

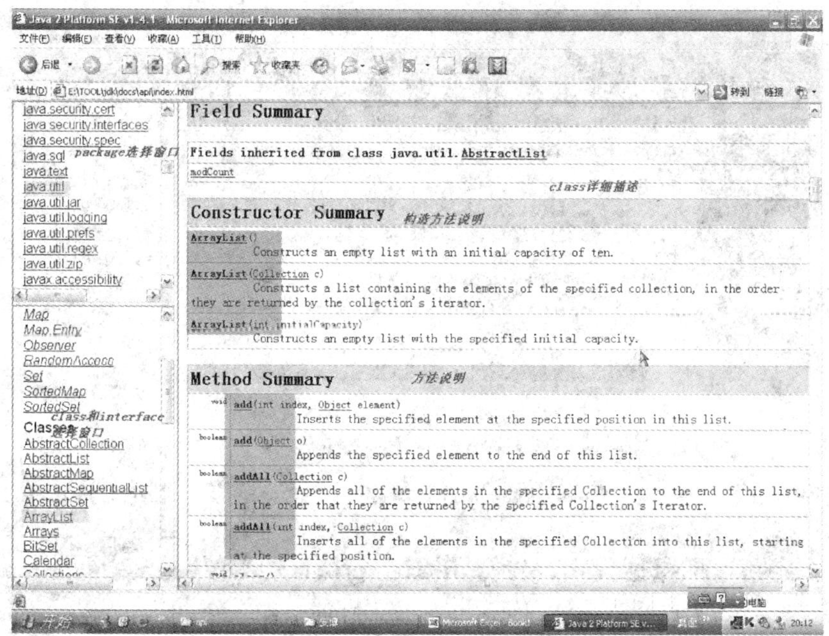

图 2—9　JDK 1.4 API 文档的页面结构

三、Eclipse 使用集成开发环境

Eclipse 是 IBM 支持开发的免费的 Java 开发工具，它有丰富的插件（plugins），绿色软件不需要写入注册表。目前现在的版本有 Eclipse2. X、Eclipse3. X。

1. Eclipse3. 1 的下载及安装

步骤如下：

（1）Eclipse3. 1 的下载地址：http://www. eclipse. org/downloads/，Eclipse 的下载页面如图 2—10 所示。

（2）选择 Eclipse 下载镜像，如图 2—11 所示。

（3）解压 eclipse - SDK - 3. 1. 1 - win32. zip 到 C:\eclipse，Eclipse 的目录结构如图 2—12 所示。

注意：解压后的目录结构不要太深，最好遵守图 2—12 的方式。

2. Eclipse3. 1 的启动

（1）双击 eclipse. exe 文件启动 eclipse，如图 2—13 所示。

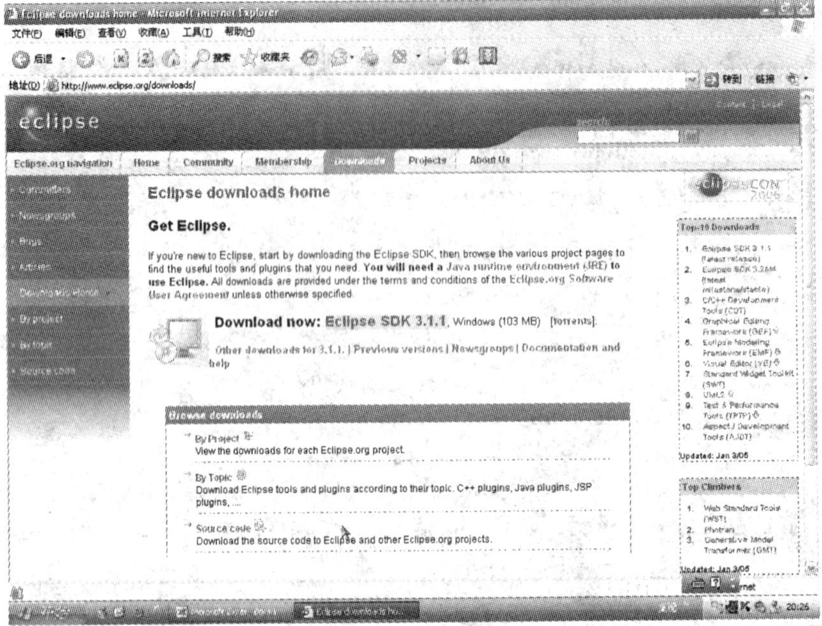

图 2—10　Eclipse 的下载页面

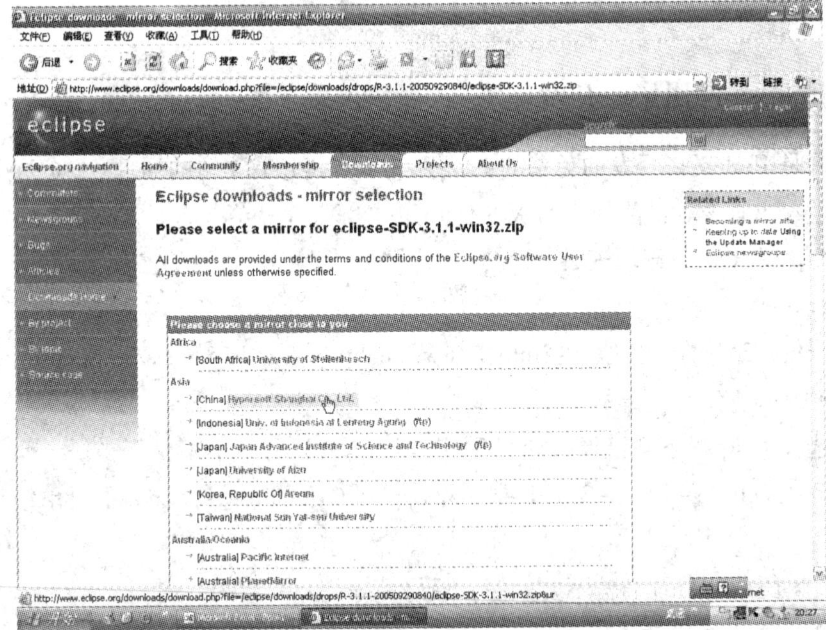

图 2—11　选择 Eclipse 下载镜像

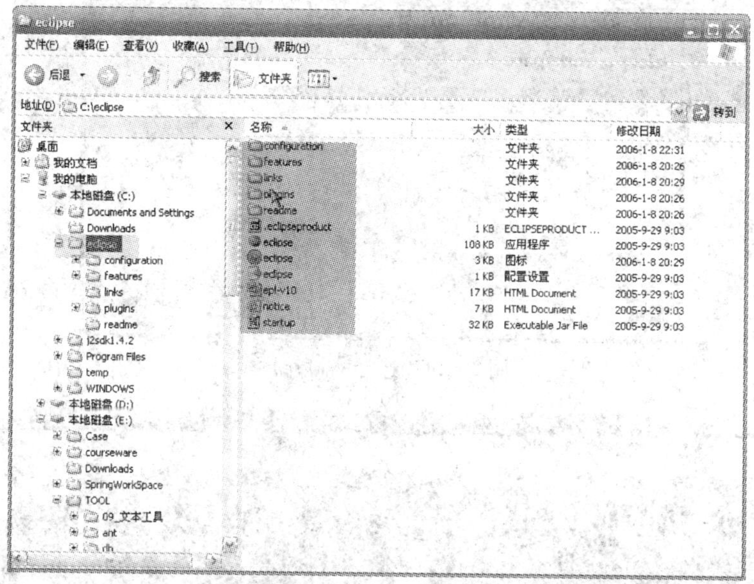

图 2—12　Eclipse 的目录结构

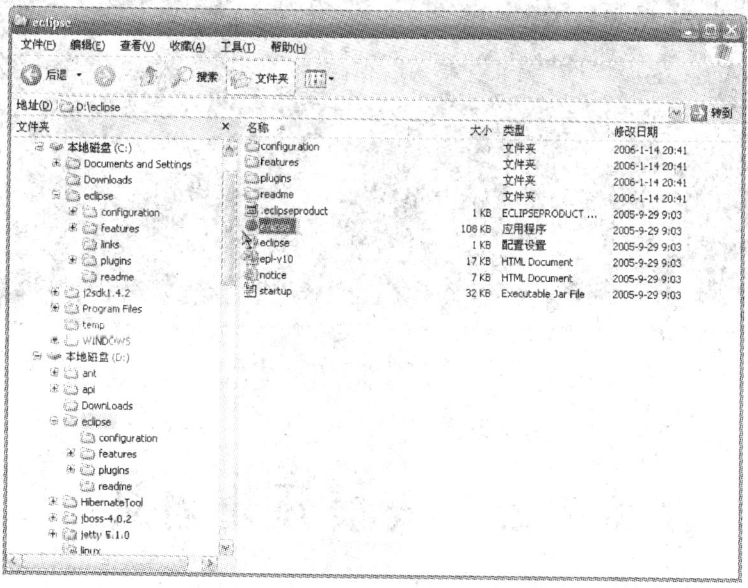

图 2—13　启动 Eclipse

（2）选择自己的 workspace（以后工程所存放的目录），如图 2—14 所示。

如果选择“Use this as the default and do not ask again”，这个目录将成为默认目录。

（3）单击“OK”按钮，Eclipse 的运行界面如图 2—15 所示。

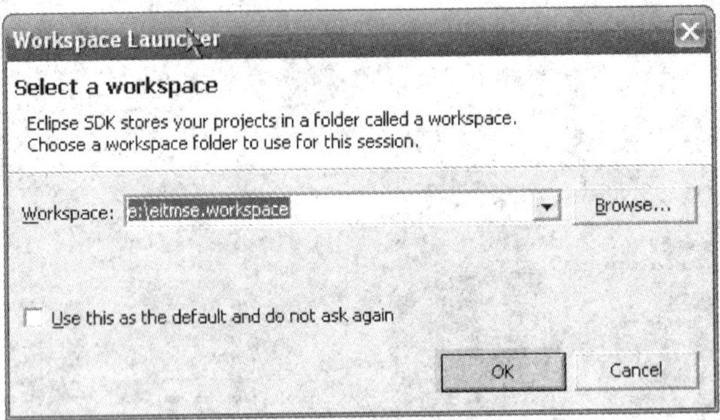

图 2—14　选择 workspace

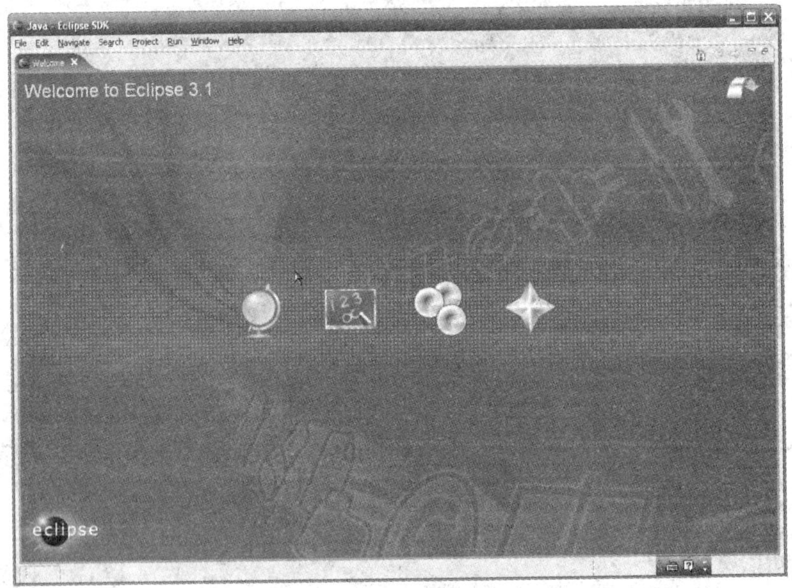

图 2—15　Eclipse 的运行界面

第 2 节　安装环境测试

➢掌握创建 Java 工程的方法

➢掌握测试编程环境

一、创建 Java 工程

1. 创建普通的 Java 工程，如图 2—16 所示。
2. 选择“Java Project”，单击“Next”按钮，如图 2—17 所示。

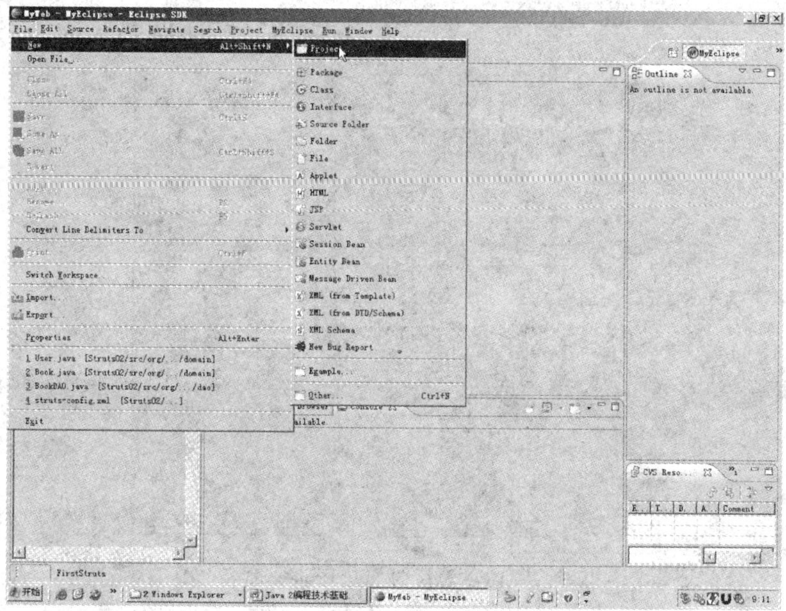

图 2—16　创建 Java 工程

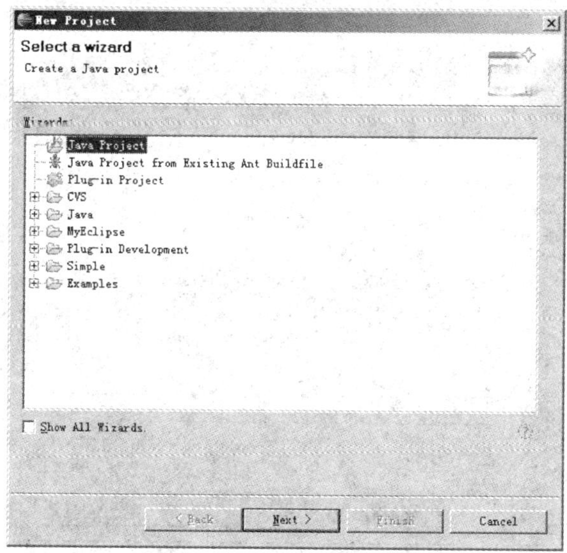

图 2—17　选择 Java Project

3．为新的 Java Project 命名，如图 2—18 所示。

4．单击“Finish”按钮完成相关设置。

5．指定 Java Project 的目标文件夹，如图 2—19 所示。

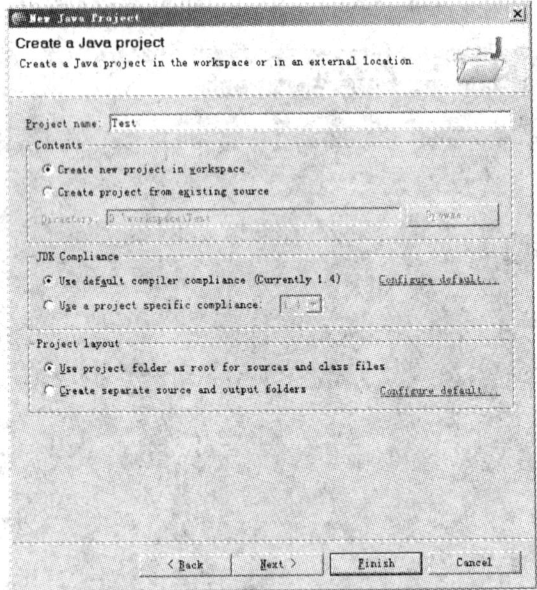

图 2—18　为新的 Java Project 命名

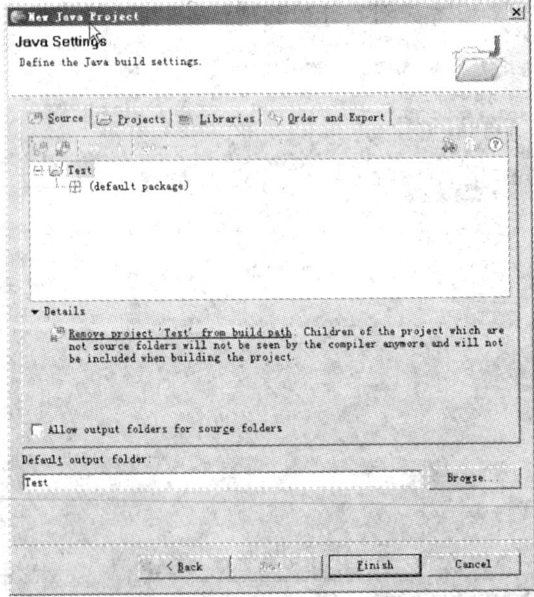

图 2—19　指定 Java Project 的目标文件夹

6. 已经创建了的 Java Project 如图 2—20 所示。

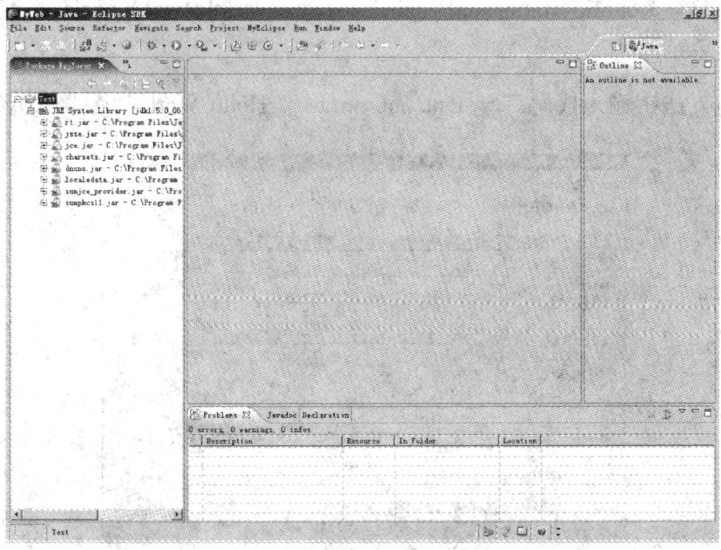

图 2—20　已经创建了的 Java Project

二、测试编程环境

1. 创建一个 HelloWorld 类，右击“Test”工程，在弹出的快捷菜单中选择“New”→“Class”菜单项，如图 2—21 所示。

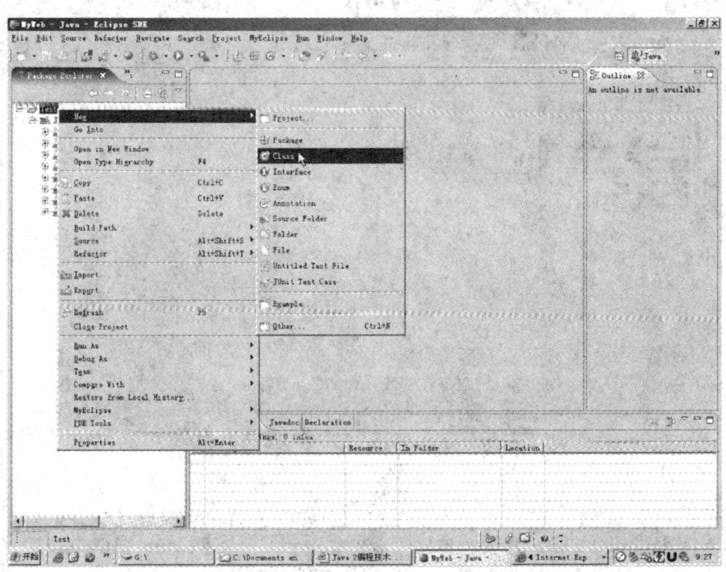

图 2—21　选择新建 Class 菜单

2. 在“Package”项目输入包名“com. ibm”，在“Name”项目中输入“HelloWorld”类名，再选择创建“public static void main”方法，如图 2—22 所示。输入完成后单击“Finish”按钮。

3. 在 main 方法中输入代码“System. out. print（" Hello World!"）;”，如图 2—23 所示。

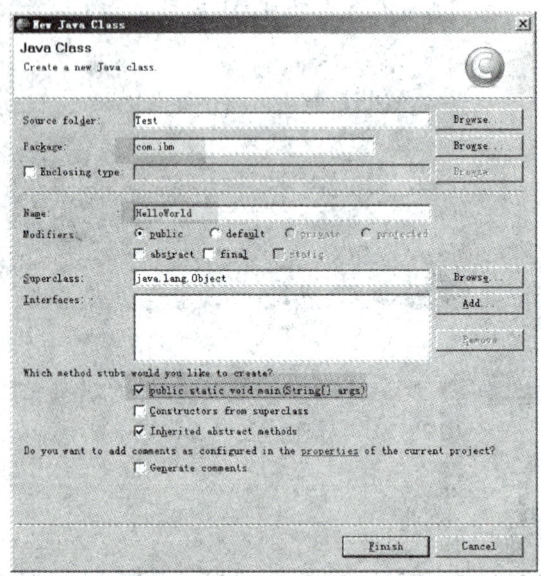

图 2—22　指定新建类的各项参数

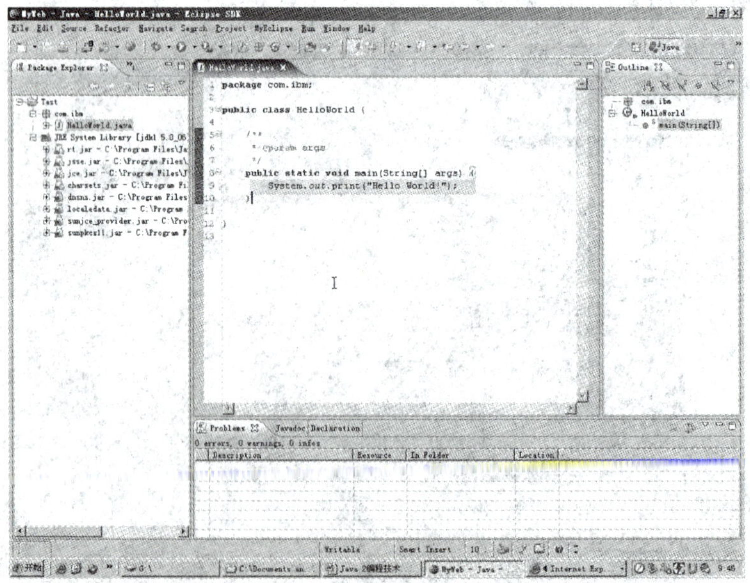

图 2—23　在 Java editor 中打开新建的 Java class

4．测试安装环境。单击按钮，选择“Run As”→“Java Application”项目，即可以以 Java 应用程序（Java Application）方式运行这个类，如图 2—24 所示。

5．运行结果如图 2—25 所示，这说明运行结果正确。

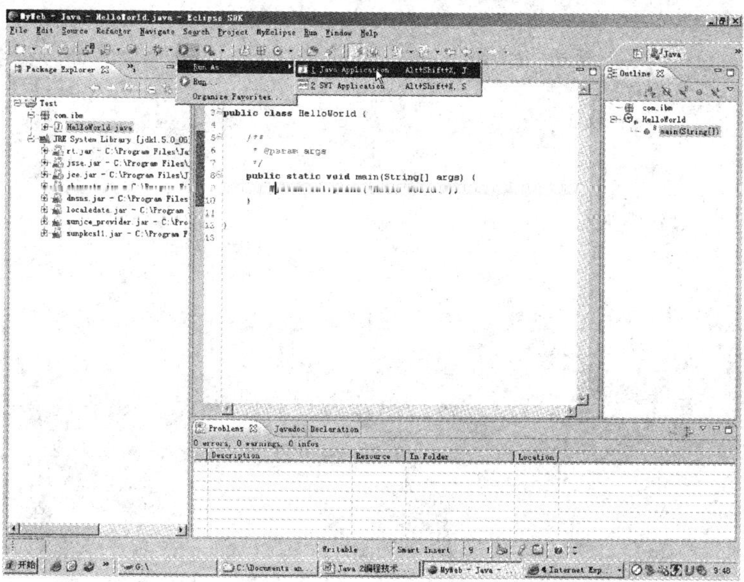

图 2—24　运行 Java 类

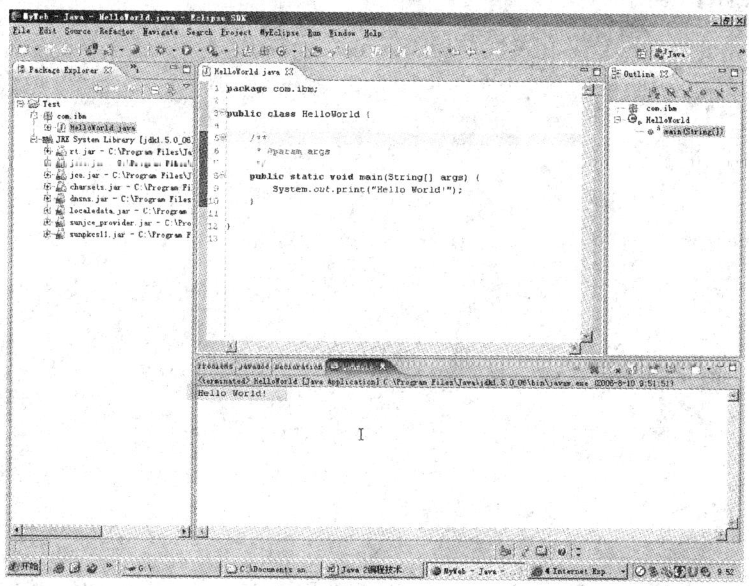

图 2—25　“运行结果正确”界面

第 3 章

Java 语言基础知识

第 1 节　简单数据类型

➢熟悉数据类型

➢掌握简单数据类型中各类型数据间的优先关系和相互转化

一、标识符和保留字

1. 标识符

程序员对程序中的各个元素加以命名时使用的命名记号称为标识符（identifier）。Java 语言中，标识符是以字母、下划线（_）、美元符（$）开始的一个字符序列，后面可以跟字母、下划线、美元符、数字。不能使用系统保留的关键字做标识符。例如，identifier，userName，User_ Name，_ sys_ val，$change 为合法的标识符，而 2mail room#，class 为非法的标识符。

Java 是一种区分大小写的编程语言。区分大小写是指一个字母的大写和小写所代表的意义不同。代码中的两个字符只要大小写不同，那么 Java 编程语言就认为两个字符所代表的意义不同。

2. 保留字

具有专门的意义和用途，不能当成一般标识符使用的标识符称为保留字（reserved word），也称为关键字，下面列出了 Java 语言中的所有保留字：

abstract，break，byte，boolean，catch，case，class，char，continue，default，double，do，else，extends，false，final，float，for，finally，if，import，implements，int，interface，instanceof，long，length，native，new，null，package，private，protected，public，return，switch，synchronized，short，static，super，try，true，this，throw，throws，threadsafe，transient，void，while。

Java 语言中的保留字均用小写字母表示。

二、数据类型

1. Java 语言数据类型的划分

Java 语言的数据类型分为基本类型（primitive）和引用类型（reference），如图 3—1 所示。

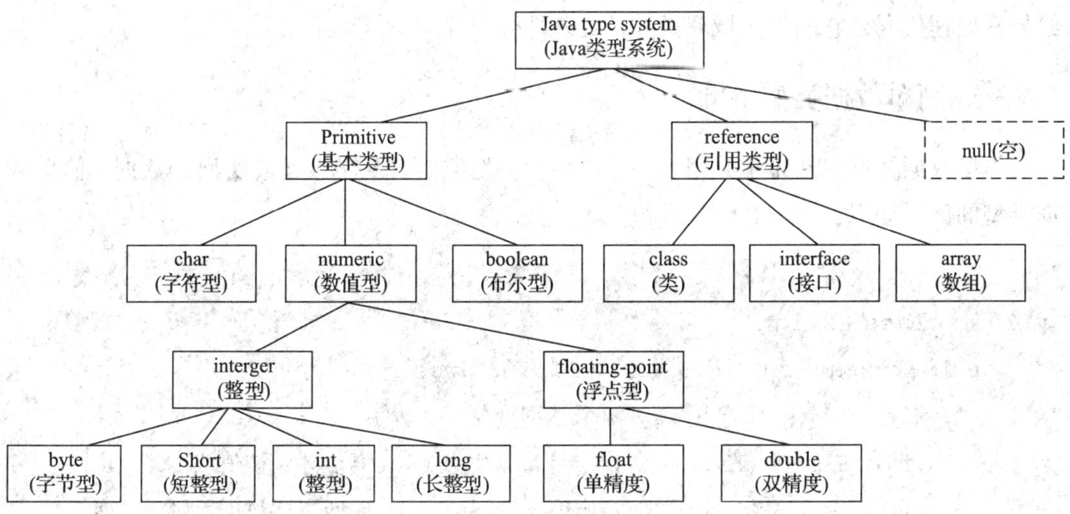

图 3—1　Java 语言的数据类型

（1）基本数据类型。Java 编程语言定义了如下四个基本类型：

1）整数类型（integer）。byte，short，int，long。

2）浮点类型（floating）。float，double。

3）字符类型（textual）。char。

4）布尔类型（logical）。boolean。

（2）引用数据类型。引用数据类型包括 class，interface，array。

2. 常量和变量

（1）常量。用保留字 final 来实现，其定义格式为：

final typeSpecifier varName = value[,varName[= value]…];

如 final int NUM = 100;

（2）变量。变量是 Java 程序中的基本存储单元。其定义包括变量名、变量类型和作用域几个部分。其定义格式如下：

typeSpecifier varName[= value[,varName[= value]…];

如 int count; char c ='a';

变量的作用域指明可访问该变量的一段代码，声明一个变量的同时也就指明了变量的作用域。按作用域来分，变量可分为局部变量和类变量。在一个确定的域中，变量名应该是唯一的。局部变量在方法或方法的一个块代码中声明，它的作用域为它所在的代码块（整个方法或方法中的某块代码）。类变量在类中声明，而不是在类的某个方法中声明，它的作用域是整个类。方法参数传递给方法，它的作用域就是这个方法。异常处理参数传递给异常处理代码，它的作用域就是异常处理部分。

三、简单数据类型举例

简单数据类型包括布尔类型、字符类型、整型数据以及浮点型（实型）数据。简单数据类型的例子如下：

```
public class Assign {
    public static void main  (String args[]){
        int x, y; //定义 x,y 两个整型变量
        float z =1.234f; //指定变量 z 为 float 型,且赋初值为 1.234
        double w =1.234; //指定变量 w 为 double 型,且赋初值为 1.234
        boolean flag = true; // 指定变量 flag 为 boolean 型,且赋初值为
        true
        char c; //定义字符型变量 c
        String str; //定义字符串变量 str
        String str1 = "Hi"; //指定变量 str1 为 String 型,且赋初值为 Hi
        c ='A'; //给字符型变量 c 赋值'A'
        str = "bye"; //给字符串变量 str 赋值"bye"
        x =12; //给整型变量 x 赋值为 12
        y =300; //给整型变量 y 赋值为 300
    }
}
```

四、简单数据类型中各类型数据间的优先关系和相互转换

1. 不同类型数据间的优先关系

不同类型数据间的优先关系由低至高排序如下：

(byte，short，char) → int→long→float→double。

2. 自动类型转换规则

整型、实型、字符型数据可以混合运算。运算中，不同类型的数据先转化为同一类型，然后进行运算，转换从低级到高级。转换规则见表 3—1。

表 3—1　　转换规则

操作数 1 类型	操作数 2 类型	转换后的类型
byte、short、char	int	int
byte、short、char、int	long	long
byte、short、char、int、long	float	float
byte、short、char、int、long、float	double	double

3. 强制类型转换

高级数据要转换成低级数据，需用到强制类型转换。如：

int i;

byte b = (byte) i; /* 把 int 型变量 i 强制转换为 byte 型 */。

第 2 节　运算符和表达式

➢掌握运算符与表达式的相关知识

一、运算符

对各种类型的数据进行加工的过程称为运算，表示各种不同运算的符号称为运算符，参与运算的数据称为操作数，按操作数的数目来分，可有一元运算符、二元运算符、三元运算符。

1. 算术运算符

算数运算符大多用于数学运算，见表3—2。

表3—2　　　　算术运算符

对象数	名称	运算符	运算规则	运算对象	表达式实例
一元	正	+	取原值	整型、实型	+3
	负	-	取负值		-4
	增1（前置）	++	先加1，后使用	整型、字符型	++i
	增1（后置）	++	先使用，后加1		i++
	减1（前置）	--	先减1，后使用		--i
	减1（后置）	--	先使用，后减1		i--
二元	加	+	加法	整型、实型	3+2
	减	-	减法		7-5
	乘	*	乘法		4*9
	除	/	除法		7.0/2
	模	%	整除取余	整型	8%3

2. 关系运算符

关系运算符实际上是比较运算，即将两个值进行比较，判断比较的结果是否符合给定的条件，Java 的关系运算符都是二元运算符，由 Java 关系运算符组成的关系表达式的计算结果为布尔类型（即逻辑型）。关系运算符见表3—3。

表3—3　　　　关系运算符

名称	运算符	运算规则	运算对象	表达式实例	运算结果
小于	<	满足则为真，不满足则为假	整型、实型、字符型等	2<3	true
小于或等于	<=			6<=6	true
大于	>			'a'>'b'	false
大于或等于	>=			7.8>=5.6	true
等于	==			9==9	true
不等于	!=			8!=8	false

3. 逻辑运算符

逻辑运算符包括!，&&，||。逻辑运算符经常用来连接关系表达式，对关系表达式的值进行逻辑运算，因此逻辑运算符的运算对象必须是布尔型数据，其逻辑表达式的运行结果也是逻辑型数据。逻辑运算符和运算规则见表3—4和表3—5。

表 3—4　　　　　　　　　　　　**逻辑运算符**

对象数	名称	运算符	运算规则	运算对象
一元	逻辑非	!	参见表 3—5	逻辑型
二元	逻辑与	&&		
	逻辑或	||		

表 3—5　　　　　　　　　　　　**逻辑运算符运算规则**

对象 1 a	对象 2 b	! a	a&&b	a||b
false	false	true	false	false
false	true	true	false	true
true	false	false	false	true
true	true	false	true	true

4. 位运算符

位运算符包括 >>，<<，&，|，^，~。位运算符用来对二进制位进行操作，具体说明见表 3—6。

表 3—6　　　　　　　　　　　　**位运算符**

运算符	说明	用法举例
&	转换为二进制数，按位进行与运算	1&1 =1，1&0 =0
|	转换为二进制数，按位进行或运算	1|1 =1，0|0 =0
^	转换为二进制数，按位进行异或运算	1^1 =0，1^0 =1
~	转换为二进制数，按位进行取反运算	~100 =011
>>	将一个数据的二进制位全部右移若干位，正数左补 0，负数左补 1，右边丢弃	15 >>1 =7
<<	将一个数据的二进制位全部左移若干位，左边丢弃，左边补 0	15 <<1 =30

例如：

a =10011101，b =00111001；则有如下结果：

a <<3 =11101000；

a >>3 =11110011；b >>3 =00000111；

a&b =00011001；a | b =10111101；

~a =01100010；a^b =10100100；

5. 赋值运算符

赋值运算符包括 = 及其扩展赋值运算符，如 + =，— =，＊ =，/ = 等。

当需要为各种不同的变量赋值时，就必须使用赋值运算符“ =”。这里“ =”是赋值的意思，扩展赋值运算符是一种将算术运算与赋值运算结合的运算符。赋值运算符的说明和使用方式见表3—7。

表3—7　　赋值运算符和扩展的赋值运算符

运算符	用法举例	说明	意义
+=	a+=b	a+b的值存放到a中	a=a+b
-=	a-=b	a-b的值存放到a中	a=a-b
*=	a*=b	a*b的值存放到a中	a=a*b
/=	a/=b	a/b的值存放到a中	a=a/b

6. 条件运算符

条件运算符是三元运算符，其使用的语法形式为：

<表达式>? e1：e2

其中表达式的类型为逻辑型，若表达式的值为真，则返回e1的值；表达式的值非真，则返回e2的值。

例如：result=(sum==0? 1:num/sum);

7. 其他

包括分量运算符·，下标运算符[]，实例运算符instanceof，内存分配运算符new，强制类型转换运算符（类型），方法调用运算符（）等。例如：

```
System.out.println ("hello world");
int array1[]=new int[4];
```

二、表达式

表达式是由操作数和运算符按一定的语法形式组成的符号序列。一个常量或一个变量名字是最简单的表达式，其值即该常量或变量的值；表达式的值还可以用做其他运算的操作数，形成更复杂的表达式。

1. 表达式的类型

表达式的类型由运算以及参与运算的操作数的类型决定，可以是简单类型，也可以是引用类型。

如布尔型表达式：x&&y||z；整型表达式：num1+num2。

2. 表达式运算符的优先次序

表达式的运算按照运算符的优先顺序从高到低进行，同级运算符从左到右进行。表达式运算符的优先次序见表3—8。

表 3—8　　运算符的优先次序

<table>
<tr><th>优先次序</th><th>运算符</th></tr>
<tr><td>1</td><td>[] ()</td></tr>
<tr><td>2</td><td>++ --! ~instanceof</td></tr>
<tr><td>3</td><td>new（type）</td></tr>
<tr><td>4</td><td>*/%</td></tr>
<tr><td>5</td><td>+ -</td></tr>
<tr><td>6</td><td>>> >>> <<</td></tr>
<tr><td>7</td><td>> <> = <=</td></tr>
<tr><td>8</td><td>== !=</td></tr>
<tr><td>9</td><td>&</td></tr>
<tr><td>10</td><td>^</td></tr>
<tr><td>11</td><td>|</td></tr>
<tr><td>12</td><td>&&</td></tr>
<tr><td>13</td><td>| |</td></tr>
<tr><td>14</td><td>?:</td></tr>
<tr><td>15</td><td>= += -= *= /= %= ^=</td></tr>
<tr><td>16</td><td>&= |= <<= >>= >>>=</td></tr>
</table>

第 3 节　控制语句

学习目标

➢掌握分支语句的相关知识

➢掌握循环语句的相关知识

➢掌握跳转语句的相关知识

Java 程序通过控制语句来执行程序流，完成一定的任务。程序流是由若干个语句组成的，语句可以是单一的一条语句，如 c = a + b，也可以是用大括号 {} 括起来的一个复合语句。Java 中的控制语句有分支语句、循环语句、跳转语句、异常处理语句、注释语句。

一、分支语句

分支语句提供了一种控制机制，使得程序的执行可以跳过某些语句不执行，而转去执行特定的语句。

1. 条件语句 if – else

```
if (expression)
        statement1;
  [else statement2;]
```

例如：

```
// 比较两个值的大小，这两个值是传递过来的，假设其初始值
int number1 =0;
int number2 =1;

// 持有最大值的变量
int max =0;
if  (number1 > number2){
   max =number1;
} else {
   max =number2;
}
// 打印最大值 max
System.out.println  ("The maximum is" + max);
```

说明：

（1）表达式 expression 应为关系表达式或者逻辑表达式，返回值是布尔类型。

（2）若表达式返回值为 true，则执行语句块 statement1；若表达式返回值为 flase，则

执行语句块 statement2。

（3）if－else 语句可以嵌套在语句块中。

2. 多分支语句 switch

```
switch (expression){
  case value1 : statement1;
break;
  case value2 : statement2;
break;
……
  case valueN : statementN;
break;
  [default : defaultStatement; ]
}
```

例如：

```
public class SwitchPro {
 public static void main (String args[]){
      int score = 80;
      int scoreVal = (score + 5) / 10;
      char resChar = '';
      switch (scoreVal){
      case 0:
      if (score < 0)
          resChar = 'Q';
      else
          resChar = 'E';
      break;
 case 1:
 case 2:
```

```
case 3:
case 4:
case 5:
    resChar ='E';
    break;
case 6:
    if (score < 60)
        resChar ='E';
    else
        resChar ='D';
    break;
case 7:
    resChar ='D';
    break;
case 8:
    resChar ='C';
    break;
case 9:
    resChar ='B';
    break;
case 10:
    if (score > 100)
        resChar ='Q';
    else
        resChar ='A';
    break;
default:
    resChar ='Q';
}
if (resChar == 'Q')
```

```
            System.out.println  ("输入的学生成绩不合法");
        else
            System.out.println  ("输入的学生成绩等级为:" + resChar);
    }
}
```

说明：

（1）表达式 expression 的返回值类型必须是 int，byte，char，short 这几种类型之一。

（2）case 子句中的值 value 必须是常量，而且所有 case 子句中的值应是不同的。

（3）default 子句是可选的。

（4）break 语句用来在执行完一个 case 分支后，使程序跳出 switch 语句，即终止 switch 语句的执行（在一些特殊情况下，多个不同的 case 值要执行一组相同的操作，这时可以不用 break）。

二、循环语句

循环语句的作用是反复执行一段代码，直到满足终止循环的条件为止。Java 语言中提供的循环语句有 while 语句、do - while 语句和 for 语句。

1. while 语句

格式为：

```
[initialization]
while (termination){
    body;
[iteration;]
}
```

例如：

```
public class WhilePro {
    public static void main  (String args[]){
```

```
        int i =100;
        int r, s, t;
        int j =1;
        r =0;
        s =0;
        t =0;
        while (i <1000){
            r=i /100;
            s =(i -r *100)/10;
            t =i -r *100 -s *10;
            if (i = =r *r *r +s *s *s +t *t *t){
                System.out.print  (i +"  ");
            }
            i =i +1;
        }
    }
}
```

说明：

（1）进入 while 循环前，对循环控制变量赋初值。

（2）termination 表达式是判断进入循环体的条件，termination 表达式返回值为逻辑型。当 termination 返回 true 时，执行循环体内语句；否则，结束循环，执行后面的语句。

2．do－while 语句

格式为：

```
[initialization]
do {
  body;
[iteration;]
} while  (termination);
```

例如：

```
public class DowhilePro {
 public static void main  (String args[]){
     int i =100;
     int r, s, t;
     int j =1;
     r =0;
     s =0;
     t =0;
     do {
         r=i /100;
         s =(i -r *100)/10;
         t =i -r *100 -s *10;
         if  (i = =r *r *r +s *s *s +t *t *t){
             System.out.print  (i +"  ");
         }
         i =i +1;
     } while  (i < 1000);
  }
}
```

说明：do - while 循环的终止判断是在循环体后执行，也就是说它先执行一次循环体，然后进行循环条件判断。当 termination 返回 true 时，执行循环体内语句块；否则，执行后面的语句。

3. for 语句

格式为：

```
for  (initialization; termination; iteration){
      body;
}
```

例如：

```
public class ForPro {
  public static void main  (String args[]){
      int i =8;
      int r, s;
      int j;
      r =0;
      s =0;
      for  (j =0; j < = i; j + +){
          r = j * j;
          s = j * j * j;
          System.out.println  ("整数为:" + j + "  对应的平方和:" + r + "
对应的立方和:" + s);
      }
  }
}
```

说明：

（1）第一次进入 for 循环时，通过 initialization 表达式对循环控制变量赋初值。

（2）根据判断条件 termination 判断是否执行循环。如果判断条件为真，继续执行循环；如果判断条件为假，则结束循环执行下面的语句。

（3）执行完循环体内的语句后，根据循环变量的增减方式 iteration，更改循环控制变量的值，再回到（2）重新判断是否继续执行循环。

三、跳转语句

跳转语句有 break 语句、continue 语句和返回语句 return 三种。

1. break 语句

在 switch 语中，break 语句用来终止 switch 语句的执行，使程序从 switch 语句后的第一个语句开始执行。

在 Java 语言中，可以为每个代码块加一个括号，一个代码块通常是用大括号 {} 括起来的一段代码。加括号的格式如下：

BlockLabel：{ codeBlock }

break 语句的第二种使用情况就是跳出它所指定的块，并从紧跟该块的第一条语句处开始执行。例如：

break BlockLabel;

break 语句

```
a：{…… //标记代码块 a
b：{…… //标记代码块 b
c：{…… //标记代码块 c
break b;
  …… //此处的语句块不被执行
}
  …… /此处的语句块不被执行
}
  …… //从此处开始执行
}
```

例如：

```
public class BreakPro {
 public static void main  (String args[]){
     double sqrtDouble;
     double floorDouble;
     int floorInt;
     int n=0;
     System.out.println  ("****100 以内的素数****");
     outer: for  (int i=2; i<100;i++){
          sqrtDouble=Math.sqrt  (i);
          floorDouble=Math.floor  (sqrtDouble);
          floorInt=(int)floorDouble;
          inner1: {
```

```
                for  (int j =2; j < = floorInt; j + +){
                    if  (i% j = =0)
                        break inner1;
                }
                System.out.print  ("  " + i);
                n =n +1;
            }
            inner2: {
                if  (n ! =10)
                    break inner2;
                System.out.println  ();
                n =0;
            }
        }
    }
}
```

2. continue 语句

continue 语句用来结束本次循环，跳过循环体中尚未执行的语句，接着进行终止条件的判断，以决定是否继续循环。对于 for 语句，在进行终止条件的判断前，还要先执行迭代语句。它的格式为：

continue;

也可以用 continue 跳转到括号指明的外层循环中，这时的格式为：

continue outer;

例如：

```
outer: for  ( int i =0; i <10, i + +  ) { //外层循环
inner: for  ( int j =0; j <10; j + +  ) { //内层循环
if( i<j ){
  ……
continue outer;
```

```
    }
    ......
  }
  ......
}
```

例如：

```
public class ContinuePro {
  public static void main (String args[]){
     double sqrtDouble;
     double floorDouble;
     int floorInt;
     int n =0;
     System.out.println ("* * * *100 以内的素数* * * *");
     outer: for (int i =2; i < 100; i + +){
        sqrtDouble =Math.sqrt (i);
        floorDouble =Math.floor (sqrtDouble);
        floorInt =(int)floorDouble;
        inner1: {
           for (int j =2; j < = floorInt; j + +){
              if (i % j = = 0)
                 continue outer;
           }
           System.out.print (" " + i);
           n =n +1;
        }
        inner2: {
           if (n ! = 10)
                 continue;
           System.out.println ();
```

```
                n =0;
            }
        }
    }
}
```

3. 返回语句 return

return 语句是从当前方法中退出，返回到调用该方法的语句处，并从紧跟该语句的下一条语句继续程序的执行。返回语句有两种格式：

return expression ;

return;

return 语句通常用在一个方法体的最后，否则会产生编译错误，除非用在 if-else 语句中。

例如：

```
public class Max {
    /**
     * 返回两个数中的最大值
     * @ param number1
     * @ param number2
     * @ return
    */
    public int getMax  (int number1, int number2){
        if  (number1 > number2){
            return number1;
        }
        return number2;
    }
}
```

说明：第 10 行的 return 语句只能出现在 if、while、for 等分支语句中，第 12 行是最后一行，一般情况下，return 语句放到最后一行。

四、异常处理语句

包括 try，catch，finally，throw 语句。与 C 和 C + + 语言相比，异常处理语句是 Java 特有的语句，将在以后的章节中介绍。

第 4 节　数　　组

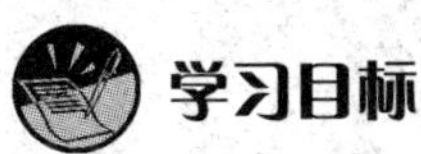

➤掌握一维数组

➤掌握多维数组

Java 语言中，数组是一种最简单的引用数据类型。数组是有序数据的集合，数组中的每个元素具有相同的数据类型，可以用一个统一的数组名和下标来唯一地确定数组中的元素。数组有一维数组和多维数组。

一、一维数组

1. 一维数组的定义

type arrayName [ ]；

类型（type）可以为 Java 中任意的数据类型，包括简单类型和引用类型。

例如：

int intArray [ ]；

Date dateArray [ ]；

2. 一维数组的初始化

（1）静态初始化

int intArray [ ] = {1, 2, 3, 4}；

String stringArray [ ] = {"abc", "How", "you"}；

（2）动态初始化

1）简单类型的数组

int intArray [ ];

intArray = new int [5];

2）引用类型的数组

String stringArray [ ];

String stringArray = new String [3]; /* 为数组中每个元素开辟引用空间 */

stringArray [0] = new String ("How"); //为第一个数组元素开辟空间

stringArray [1] = new String ("are"); //为第二个数组元素开辟空间

stringArray [2] = new String ("you"); // 为第三个数组元素开辟空间

3. 一维数组元素的引用

数组元素的引用方式为：

arrayName [index]

index 为数组下标，它可以为整型常数或表达式，下标从 0 开始。每个数组都有一个属性 length 指明它的长度。如，intArray. length 指明数组 intArray 的长度。

例如：

```
public class ArrayTest {
 public static void main (String args[]){
     //定义 intArray 整型数组,数组的维数是一个常数
     int[] intArray = new int[3];
     //动态初始化 intArray 数组并输出元素的值
     for (int i = 0; i < 3; i + +){
         intArray[i] = i + 2;
         System.out.println ("intArray[" + i + "] = " + intArray[i]);
     }
     System.out.println ("**************");
     int arrLen = 4;
     //重新为 intArray 数组分配空间
     intArray = new int[arrLen];
```

```
        //动态初始化 intArray 数组并输出元素的值
        for  (int j = intArray.length - 1; j > = 0; j - - ){
            intArray[j] = j * 3;
            System.out.println  ("intArray[" + j + "] = " + intArray[j]);
        }
    }
}
```

二、多维数组

Java 语言中，多维数组被看成数组的数组。

1. 二维数组的定义

数组元素可以声明成任何类型，因此如果一维数组的元素的数据类型还是一维数组的话，这种数组就被称为二维数组。二维数组声明语法的格式如下：

type arrayName [ ] [ ];

type [ ] [ ] arrayName;

2. 二维数组的初始化

（1）静态初始化。Java 语言中，由于把二维数组看成数组的数组，数组空间不是连续分配的，所以不要求二维数组每一维的大小相同。例如：

int intArray [ ] [ ] = { {1, 2}, {2, 3}, {3, 4, 5}};

（2）动态初始化

1）直接为每一维分配空间，格式如下：

arrayName = new type[arrayLength1][arrayLength2];

int a[ ][ ] = new int[2][3];

2）从最高维开始，分别为每一维分配空间：

arrayName = new type[arrayLength1][ ];

arrayName[0] = new type[arrayLength20];

arrayName[1] = new type[arrayLength21];

…

arrayName[arrayLength1 - 1] = new type[arrayLength2n];

3）二维简单数据类型数组的动态初始化如下：

int a[ ][ ] = new int[2][ ];

a[0] = new int[3];

a[1] = new int[5];

对二维引用数据类型的数组，必须首先为最高维分配引用空间，然后再顺次为低维分配空间。而且，必须为每个数组元素单独分配空间。

例如：

String s[ ][ ] = new String[2][ ];

s[0] = new String[2];//为最高维分配引用空间

s[1] = new String[2]; //为最高维分配引用空间

s[0][0] = new String ("Good");// 为每个数组元素单独分配空间

s[0][1] = new String ("Luck");// 为每个数组元素单独分配空间

s[1][0] = new String ("to");// 为每个数组元素单独分配空间

s[1][1] = new String ("You");// 为每个数组元素单独分配空间

3. 二维数组元素的引用

对二维数组中的每个元素，引用方式为：arrayName [index1] [index2]

例如：num [1] [0];

4. 二维数组举例

```
public class MultiArrayTest {
  public static void main (String args[]){
        //简单数据类型二维数组的静态初始化
        int[][] arrayObj = { { 1, 2 }, { 2, 3 }, { 3, 4, 5 } };
        //输出时对数组元素的引用
        System.out.println (arrayObj[0][0] + "  " + arrayObj[0]
[1]);
        arrayObj[0][0] = arrayObj[0][0] + arrayObj[0][1];
        //重新输出数组元素的值
        System.out.println (arrayObj[0][0] + "  " + arrayObj[0]
[1]);
    }
}
```

第 5 节　字符串的处理

知识要求

➢掌握字符串的处理方法

字符串就是一个字符序列，在许多语言中，将字符串处理为字符的数组，但是在 Java 语言中，字符串是对象，Java 提供了 String 类和 StringBuffer 类来存储和处理字符串（类名的首字母为大写字母）。在大多数情况下，可以使用 String 类创建字符串，String 类在存储和处理字符串时非常有效，但是 String 类创建的字符串不能被修改，StringBuffer 类能够创建可变的字符串。

一、String 类

String 类有 11 个构造方法以及 40 多个方法，这些方法用于检验序列中的字符、比较字符串、查找字符串、提取子串等。

String 类示例如下：

```
public class StrAccessTest {

String sourceStr = "There is a string accessing example.";

int leng = sourceStr.length  ();

char chObj = sourceStr.charAt  (16);

int firstChar1 = sourceStr.indexOf  ('r');
```

```
int lastChar1 = sourceStr.lastIndexOf ('r');

int firstStr1 = sourceStr.indexOf ("ing");

int lastStr1 = sourceStr.lastIndexOf ("ing");

int firstChar2 = sourceStr.indexOf ('e', 15);

int lastChar2 = sourceStr.lastIndexOf ('e', 15);

int firstStr2 = sourceStr.indexOf ("ing", 5);

int lastStr2 = sourceStr.lastIndexOf ("ing", 5);

public static void main (String args[]){

    StrAccessTest classObject = new StrAccessTest ();

    System.out.println ("String:" + classObject.sourceStr);
    System.out.println ("length:" + classObject.leng);
    System.out.println ("char at the specified index 16:"
            + classObject.chObj);
    System.out.println ("the first occurrence of 'r':"
            + classObject.firstChar1);
    // System.out.println ("sub string from 10 to 15:" + strObj);
    System.out.println ("the last occurrence of 'r':"
            + classObject.lastChar1);
    System.out.println ("the first occurence of 'ing':"
            + classObject.firstStr1);
    System.out.println ("the last occurence of 'ing':"
            + classObject.lastStr1);
```

```
        System.out.println  ("the first occurence of 'e'from index 15:"
                + classObject.firstChar2);
        System.out.println  ("the last occurence of 'e'from index 15:"
                + classObject.lastChar2);
        System.out.println  ("the first occurence of 'ing'from index 5:"
                + classObject.firstStr2);
        System.out.println  ("the last occurence of 'ing'from index 5:"
                + classObject.lastStr2);
    }
}
```

二、StringBuffer 类

String 类对字符串的操作不是对源操作串对象本身进行的，而是对源操作串的复制串进行处理，其操作的结果不影响源串。相反，StringBuffer 类对字符串的连接操作是对源串本身进行的，操作之后源串的值发生了变化，变成连接后的串。

StringBuffer 类示例如下：

```
  public class ModifyStrBufTest {
   public static void main  (String args[]){
        StringBuffer sourceStr = new StringBuffer  ( " This is a
stringbuffer modifying example!");
        System.out.println  ("Source String:" + sourceStr);
        String subStr = "very good!";
        char charObj ='*';
        sourceStr.setCharAt  (4, charObj);
        System.out.println  ( " After setting char ' * 'at 4:" +
sourceStr);
        sourceStr.deleteCharAt  (4);
```

```
        System.out.println  ("After deleting char at 4:" + sourceS-
tr);
        sourceStr.append  ("hello");
        System.out.println  ("After appending sub string 'hello':"
+ sourceStr);
        sourceStr.insert  (0, subStr);
        System.out.println  ( " After inserting sub string:" +
sourceStr);
        sourceStr.delete  (1, 6);
        System.out.println  ( " After deleting sub string:" +
sourceStr);
    }
}
```

第 6 节　日 期 类 型

学习目标

➢掌握创建日期对象的方法

➢掌握日期数据的定制格式

➢能够将文本数据解析成日期对象

Date 类包含的是一个长整型数据，表示的是从 GMT（格林尼治标准时间）1970 年 1 月 1 日 00：00：00 这一刻之前或者是之后经历的毫秒数。

一、创建一个日期对象

下面的例子说明了如何使用 Date 类来获取 Java 虚拟机（JVM）主机环境的系统时间。

```
import java.util.Date;
public classDateTest1 {
    public static void main (String[] args){
    //Get the system date/time
    Date date=new Date ();
    System.out.println (date.getTime ());
  }
}
```

假如此时的日期是星期六，2006 年 11 月 27 日，上午 10：19，则上面的例子在系统输出设备上显示的结果是 1164593957214。在这个例子中，使用 Date 构造函数创建了一个日期对象，这个构造函数没有接受任何参数，而这个构造函数在内部使用了System. currentTimeMillis（）方法来从系统获取日期。

为了提供一种用户明白的格式来显示这个日期，可以使用 java. text. SimpleDateFormat 和它的抽象基类 java. text. DateFormat 来对 Date 类进行格式化。

二、日期数据的定制格式

SimpleDateFormat 类可以用来格式化日期数据。用法如下：

```
import java.text.SimpleDateFormat;
import java.util.Date;
public classDateTest2 {
public static void main (String[] args){
          SimpleDateFormat bartDateFormat =new
SimpleDateFormat ("EEEE-MMMM-dd-yyyy");
          Date date=new Date ();
          System.out.println (bartDateFormat.format (date));
     }
  }
```

指定 SimpleDateFormat 的构造函数传入参数 " EEEE - MMMM - dd - yyyy " 即可得到对应格式的日期数据。其中，EEEE 是星期，MMMM 是月，dd 是日，yyyy 是年。字符的个数决定了日期是如何格式化的。传递 " EE - MM - dd - yy " 会显示 Sat - 09 - 29 - 01。请查看 Sun 公司的 Web 站点获取日期格式化选项的完整指示。

三、将文本数据解析成日期对象

可以使用 SimpleDateFormat. parse（）方法将符合日期格式的字符串解析为日期类型的数据。示例如下：

```
SimpleDateFormatdateFormat =new SimpleDateFormat  ("MM-dd-yyyy");
String dateString ="11-27-2006";
Date date =dateFormat.parse  (dateString);
```

第 4 章

对 象 和 类

第1节　对象和类基础

学习目标

➢熟悉类的基础知识

➢熟悉对象的基础知识

一、类

类是Java语言中的一种重要的引用数据类型，是组成Java程序的基本要素。它封装了一类对象的状态和方法，是这一类对象的原型。

1. 类定义

类体定义如下：

```
class className
{[public | protected | private ] [static]
[final] [transient] [volatile] type
variableName;                                    //成员变量
[public | protected | private ] [static]
[final | abstract] [native] [synchronized]
returnType methodName  ([paramList])  [throws exceptionList]
  {statements}                                   //成员方法
}
```

标识符说明：

[ ]：标示其中的元素为可选项目，可以为0个或多个。

|：标示“或”，用|分割的元素只能选择一个。

2. 成员变量

```
private JButton butOk = null;

private JButton butCancel = null;
```

说明：以上程序中声明一个 JButton（一个按钮类）类型的成员变量 butOk。private 是访问修饰符，只能在类的内部被访问。

成员变量的声明方式如下：

```
[public |protected |private ] [static]
[final] [transient] [volatile] type
variableName;     //成员变量
```

其中，

static：静态变量（类变量），相对于实例变量。

final：常量。

transient：暂时性变量，用于对象存档。

volatile：贡献变量，用于并发线程的共享。

3. 成员方法

这是一个完整的方法声明。

方法的实现包括两部分内容：方法声明和方法体。

```
[public |protected |private ] [static]
[final  |abstract] [native] [synchronized]
returnType methodName  ([paramList])
[throws exceptionList]                     //方法声明
{statements}                            //方法体
```

方法声明中的限定词的含义如下：

static：类方法，可通过类名直接调用。

abstract：抽象方法，没有方法体。

final：方法不能被重写。

native：集成其他语言的代码。

synchronized：控制多个并发线程的访问。

（1）方法声明。方法声明包括方法名、返回类型和外部参数。其中参数的类型可以是简单数据类型，也可以是引用数据类型。

对于简单数据类型来说，Java 实现的是值传递，方法接收参数的值，但不能改变这些参数的值。如果要改变参数的值，则用引用数据类型，因为引用数据类型传递给方法的是数据在内存中的地址，方法中对数据的操作可以改变数据的值。

关于简单数据类型与引用数据类型的区别举例如下：

```
public class PassTest {
    float ptValue;

    public static void main  (String args[]){
        int val;
        PassTest pt =new PassTest  ();
        val =11;
        System.out.println  ("Original Int Value is:" +val);
        pt.changeInt  (val); //值参数
        System.out.println  ("Int Value after Change is:" +val);
/* 值参数值的修改,没有影响值参数的值 */
        pt.ptValue =101f;
        System.out.println  ("Original ptValue is:" +pt.ptValue);
        pt.changeObjValue  (pt); //引用类型的参数
        System.out.println  ( "ptValue after Change is:" +pt.ptVal-
ue);
/*引用参数值的修改,改变了引用参数的值 */
    }

    public void changeInt  (int value){
        value =55; //在方法内部对值参数进行了修改
    }

    public void changeObjValue  (PassTest ref){
        ref.ptValue =99f; //在方法内部对引用参数进行了修改
    }
}
```

(2) 方法体。方法体是对方法的实现，它包括局部变量的声明以及所有合法的 Java 语句。方法体中声明的局部变量的作用域在该方法内部。若局部变量与类的成员变量同名，则类的成员变量在方法体内将无法引用到。

局部变量 z 和类成员变量 z 的作用域的区别举例如下：

```
class Variable {
    int x =0, y =0, z =0; //类的成员变量

    void init  (int x, int y){
        this.x =x;
        this.y =y;
        int z =5; //局部变量
        System.out.println  ("* * in init * *");
        System.out.println  ("x =" +x +" y =" +y +" z =" +z);
    }
}

    public class VariableTest {
    public static void main  (String args[]){
        Variable v =new Variable();
        System.out.println  ("* *before init * *");
        System.out.println  ("x =" +v.x +" y =" +v.y +" z =" +v.z);
        v.init  (20, 30);
        System.out.println  ("* *after init * *");
        System.out.println  ("x =" +v.x +" y =" +v.y +" z =" +v.z);
    }
}
```

例中用到了 this，这是因为 init（）方法的参数名与类的成员变量 x，y 的名字相同，而参数名会隐藏成员变量，所以在方法中，为了区别参数和类的成员变量，必须使用 this。this 是指当前对象自己。当在一个类中要明确指出使用对象自己的变量或函数时就应该加上 this 引用。

4. 方法重载

示例如下：

```
class MethodOverloading {
    void receive  (int i){
        System.out.println  ("Receive one int data");
        System.out.println  ("i = " +i);
    }

    void receive  (int x, int y){
        System.out.println  ("Receive two int datas");
        System.out.println  ("x = " +x + " y = " +y);
    }
}

    public class MethodOverloadingTest {
    public static void main  (String args[]){
        MethodOverloading mo = new MethodOverloading();
        mo.receive  (1);
        mo.receive  (2, 3);

    }
}
```

示例中第 2 行和第 7 行两个方法名都是 receive，它们还可以在同一个类中存在，是因为它们的参数列表不同，这称为重载。

方法重载是指多个方法享有相同的名字，但是这些方法的参数必须不同，或者是参数的个数不同，或者是参数类型不同。返回类型不能用来区分重载的方法。

运行结果如下：

Receive one int data

i = 1

Receive two int datas

x = 2 y = 3

编译器会根据参数的个数和类型来决定当前所使用的方法。

5. 构造方法

请看一个 User 类:

```
public class User {

    //String 登录用户名
    private String username = "";

    //String 口令
    private String password = "";

    //String 权限管理员:A 普通用户:R
    private String authority = "";

    public User  (){
    }

    public User  (String username, String password, String authori-
ty){
        //super  ();
        //TODO Auto - generated constructor stub
        this.username = username;
        this.password = password;
        this.authority = authority;
    }

    public String getAuthority  (){
        return authority;
    }

    public void setAuthority  (String authority){
```

```
        this.authority = authority;
    }

    public String getPassword  (){
        return password;
    }

    public void setPassword  (String password){
        this.password = password;
    }

    public String getUsername  (){
        return username;
    }

    public void setUsername  (String username){
        this.username = username;
    }
}
```

从示例中可以看到 User 的两个方法没有返回值，它们的名字与类的名字完全一致。这种方法称为构造方法，是在构造一个类的时候（new 一个类的实例）调用的，当然这两个方法之间也是重载的关系。

构造方法的特点如下：

（1）构造方法是一个特殊的方法。Java 语言中的每个类都有构造方法，用来初始化该类的一个对象。

（2）构造方法具有和类名相同的名称，而且不返回任何数据类型。

（3）重载经常用于构造方法。

（4）构造方法只能由 new 运算符调用。

调用这个类的构造方法的示例如下：

```
User user = null;
user = new User （“张三”，“12345”，“A”）;
```

这个示例调用了后一个 User 的构造方法，创建一个 User 的对象，这个对象具有一些初始属性：username 为“张三”，password 为“12345”，authority 为“A”。

但是如果这样创建一个 User 对象：

```
User user = null;
user = new User （）;
```

让它具有属性：username 为“张三”，password 为“12345”，authority 为“A”值的话。那么可以调用这些属性对应的 set × × × 方法来完成这些属性的设置：

```
user..setUsername （“张三”）;
user..setPassword （“12345”）;
user..setAuthority （“A”）;
```

需要注意的是，在使用任何 Java 对象之前，必须先对这个对象进行初始化，否则会出现空指针异常。

二、对象

类实例化可生成对象，对象通过方法调用来进行交互。一个对象的生命周期包括三个阶段：生成、使用和消除。

1. 对象的生成

例如：

```
User user = null;
user = new User （“张三”，“12345”，“A”）;
```

示例中的第 1 行就是声明一个 User 类型的变量，第 2 行就实例化一个 User 类，同时也是初始化的过程。

对象的生成包括声明、实例化和初始化。

格式为：

type objectName = new type（[paramlist]）;

（1）声明（type objectName）。声明并不为对象分配内存空间，而只是分配一个引用。对象的引用类似于指针，是32位的地址空间，它的值指向一个中间的数据结构，它存储有关数据类型的信息以及当前对象所在的堆的地址，而对于对象所在的实际的内存地址是不可操作的，这就保证了安全性。

（2）实例化。运算符new为对象分配内存空间，它调用对象的构造方法，返回引用；一个类的不同对象分别占据不同的内存空间。

（3）生成。执行构造方法，进行初始化；根据参数不同调用相应的构造方法。

2．对象的使用

（1）代码清单部分。代码示例如下：

```
private JButton getButCancel ()｛
    if (butCancel ==null)｛
        butCancel =new JButton ();
        butCancel.setText ("取消");
        butCancel.addActionListener(
            new java.awt.event.ActionListener ()｛
            public void actionPerformed (java.awt.event.Action-
            Event e)
｛
                txtUserName.setText ("");
                txtPassword.setText ("");
            ｝
        ｝);
    ｝
    return butCancel;
｝
```

本示例中，第3行实例化一个JButton对象，并且在第4行进行了初始化，在第5行调用了它的addActionListener方法。

通过运算符 ". "可以实现对变量的访问和方法的调用。变量和方法可以通过设定访问权限来限制其他对象对它的访问。

（2）调用对象的变量

格式：objectReference. variable

objectReference 是一个已生成的对象，也可以是能生成对象的表达式。

调用对象变量的示例如下：

```
public User (String username, String password, String authority){
    //super ();
    //TODO Auto-generated constructor stub
    this.username = username;
    this.password = password;
    this.authority = authority;
}
```

第 4 行至第 6 行通过 this（这个对象的本身）调用这个属性。

（3）调用对象的方法

格式：objectReference. methodName ([paramlist]);

3. 对象的清除

当不存在对一个对象的引用时，该对象成为一个无用对象，它所使用的堆空间就可以被 Java 语言的垃圾收集器自动回收，以便被后续的新对象所使用。而用户不用关心什么时候进行垃圾回收。

第 2 节　面向对象特性

学习目标

➢掌握面向对象特性

Java 语言中有三个典型的面向对象的特性：封装性、继承性和多态性。下面将分别详细阐述。

一、封装性

一个对象 Book 类示例如下：

```
public class Book {
        private String bookid = "";      //String 书籍编号
        private String bookname = "";      //String 书籍名称
    private String author = "";      //String 作者
    private String publishing = "";  //String 出版社
    private String publishingdate = ""; //String 出版日期
    private int storage = 0;  //int 库存数量

    public Book (){
    }

    public Book (String bookid, String bookname, String author,
            String publishing, String publishingdate, int storage){
            //super ();
        //TODO Auto-generated constructor stub
        this.bookid = bookid;
        this.bookname = bookname;
        this.author = author;
        this.publishing = publishing;
        this.publishingdate = publishingdate;
        this.storage = storage;
    }

    //@ return Returns the author.
        public String getAuthor (){
        return author;
    }
```

```
//@ param author
//The author to set.
    public void setAuthor (String author){
    this.author = author;
}

//@ return Returns the bookid.
public String getBookid (){
    return bookid;
}

//@ param bookid
    public void setBookid (String bookid){
    this.bookid = bookid;
}

//@ return Returns the bookname.
    public String getBookname (){
    return bookname;
}

//@ param bookname
//The bookname to set.
    public void setBookname (String bookname){
    this.bookname = bookname;
}

//@ return Returns the publishing.
    public String getPublishing (){
    return publishing;
}
```

```
//@ param publishing
//The publishing to set.
    public void setPublishing (String publishing){
    this.publishing = publishing;
}

//@ return Returns the publishingdate.
    public String getPublishingdate (){
    return publishingdate;
}

//@ param publishingdate
//The publishingdate to set.
    public void setPublishingdate (String publishingdate){
    this.publishingdate = publishingdate;
}

//@ return Returns the storage.
    public int getStorage (){
    return storage;
}

//@ param storage
//The storage to set.
    public void setStorage (int storage){
    this.storage = storage;
}
}
```

在示例中，变量 bookid 的修饰符是 private 的，这意味着 bookid 这个属性只能在这个类的内部被访问，在类的外部是访问不到的。getBookid 方法是对 bookid 属性取值操作的，它的修饰符是 public 的，这意味着 getBookid 方法可以在任何地方被访问，同样还有 setBookid 方法是对 bookid 这个属性设置值的方法，它也具有 public 的修饰符。这样在 Book 这个类中 bookid 的属性就被隐藏起来了，对应它的访问（取值和设置值）都是通过方法访问的。

Java 语言中，对象就是对一组变量（属性）和相关方法的封装，其中变量（属性）表明了对象的状态，方法表明了对象具有的行为。通过对象的封装，实现了模块化和信息隐藏。通过对类的成员施以一定的访问权限，实现了类中成员的信息隐藏。

1. 类体定义的一般格式

```
class className {
      // 成员变量
[public | protected | private ] [static]
          [final] [transient] [volatile] type
        variableName;
      // 成员方法
          [public | protected | private ] [static]
          [final | abstract] [native] [synchronized]
        returnType methodName  ([paramList])
          [throws exceptionList]
          {statements}
}
```

2. Java 类中的限定词

Java 语言中有四种不同的限定词，提供了四种不同的访问权限。

（1）private。类中限定为 private 的成员只能被这个类本身访问。如果一个类的构造方法声明为 private，则其他类不能生成该类的一个实例。

（2）default。类中不加任何访问权限限定的成员属于默认的（default）访问状态，可以被这个类本身和同一个包中的类所访问。

（3）protected。类中限定为 protected 的成员，可以被这个类本身、它的子类（包括同一个包中以及不同包中的子类）和同一个包中的所有其他的类访问。

（4）public。类中限定为 public 的成员可以被所有的类访问。

表 4—1 列出了这些限定词的作用范围。

表 4—1　　限定词的作用范围

	同一个类	同一个包	不同包的子类	不同包非子类
private	*			
default	*	*		
protected	*	*	*	
public	*	*	*	*

二、继承性

一个 Frame 类 HelpForm 代码如下：

```
import java.awt.BorderLayout;
import java.awt.Color;

import Javax.swing.JPanel;
import Javax.swing.JFrame;
import Javax.swing.JLabel;
import Javax.swing.ImageIcon;

public class HelpForm extends JFrame {

    private JPanel jContentPane = null;
    private JLabel jLabel = null;

    public HelpForm () {
        super ();
        initialize ();
    }

    private void initialize () {
```

```
        this.setSize (400,400);
        this.setLocation (150,150);
        this.setBackground (Color.WHITE);
        this.setContentPane (getJContentPane());
        this.setTitle ("Help");
    }

    private JPanel getJContentPane (){
        if (jContentPane == null){
            jLabel = new JLabel ();
            jLabel.setText ("图书管理软件");
            jLabel.setIcon (new ImageIcon(getClass ().getResource
("/gif_welcome13[1].gif")));
            jContentPane = new JPanel ();
            jContentPane.setLayout (new BorderLayout ());
            jContentPane.add (jLabel, java.awt.BorderLayout.CENTER);
        }

        return jContentPane;
    }

} // @ jve:decl-index=0:visual-constraint="17,9"
```

HelpForm 类图如图 4—1 所示。类图中的空箭头表示一般化或者抽象为。

从示例中可以看出，HelpForm 类继承了 JFrame 类，这样 HelpForm 就是一个 JFrame 类，可以开发表单或者窗口控件，这是因为 HelpForm 类继承了 Frame 类一些可以被继承的属性和方法。

通过继承实现代码复用。Java 语言中所有的类都是通过直接或间接地继承 java. lang. Object 类得到的。继承而得到的类称为子类，被继承的类称为父类。子类不能继承父类中访问权限为 private 的成员变量和方法。子类可以重写父类的方法，命名与父类同名的成员变量。但 Java 语言不支持多重继承，即一个类从多个超类派生的能力。

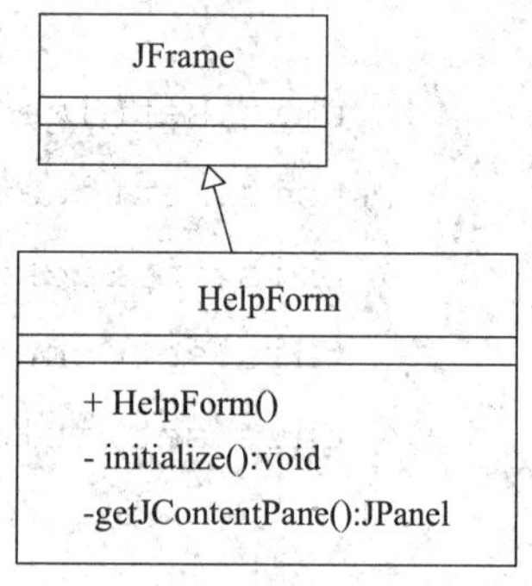

图 4—1　HelpForm 的类图

1. 创建子类

格式：

```
class SubClass extends SuperClass {
…
}
```

例如示例中的：

public class HelpForm extends JFrame

这就是继承 JFrame 类的写法。

2. 成员变量的隐藏和方法的重写

```
class ParentClass {
   int x;

   protected void setValue (){
       x =10;
   }

   public void changeValue (){
       x =x +2;
   }

   public void print (){
       System.out.println ("x = " +x);
   }
}

class SubClass extends ParentClass {
   int x;
```

```
    public void setValue (){
        x =20;
    }

    public void changeValue (){
        x =x +10;
    }
}

public class AttributeHideTest {
    public static void main (String args[]){
        ParentClass pObj1 =new ParentClass ();
        ParentClass pObj2 =new SubClass ();
        SubClass pObj3 =new SubClass ();
        pObj1.setValue ();
        pObj1.print ();
        pObj2.setValue ();
        pObj2.print ();
        pObj3.setValue ();
        pObj3.print ();
    }
}
```

运行结果如下:

x =10

x =0

x =0

在示例中第 36 行的 pObj2. setValue（）是设置了子类中的 x 属性为 20，但是第 37 行的 pObj2. print（）方法只是打印父类中的 x 属性，说明 x 属性被子类隐藏了。

再看一个示例:

```
class SubClass extends ParentClass {
    int x;

    public void print (){
        System.out.println ("x = " +x);
    }
}

public class MethOverrrideTest {
    public static void main (String args[]){
        ParentClass pObj1 =new ParentClass ();
        ParentClass pObj2 =new SubClass ();
        SubClass pObj3 =new SubClass ();
        pObj1.setValue ();
        pObj1.print ();
        pObj2.setValue ();
        pObj2.print ();
        pObj3.setValue ();
        pObj3.print ();
    }
}
```

在子类中添加一个 print 方法，如第 4 ~6 行。

运行结果如下：

x =10

x =20

x =20

在示例中 pObj2. setValue（）是设置了子类中的 x 属性为 20，但是 pObj2. print（）方法只是打印子类中的 x 属性，说明这个 print 方法是子类中的 print 方法，不是父类中的 print 方法，所以结果是 x =20，这是因为子类的 print 方法重写了父类的 print 方法。

子类通过隐藏父类的成员变量和重写父类的方法，可以把父类的状态和行为改变为自身的状态和行为。

注意：子类中重写的方法和父类中被重写的方法要具有相同的名字、相同的参数表和相同的返回类型，只是函数体不同。

3. Super

Java 语言中通过 Super 来实现对父类成员的访问，Super 用来引用当前对象的父类。Super 的使用有三种情况。

（1）访问父类被隐藏的成员变量，如 Super. variable。

（2）调用父类中被重写的方法，如 Super. Method（[paramlist]）。

（3）调用父类的构造方法，如 Super（[paramlist]）。

示例如下：

```
class SuperClass {
   int x;

   SuperClass (){
       x =3;
       System.out.println ("in SuperClass:x = " +x);
   }

   void doSomething ()(
       System.out.println ("in SuperClass.doSomething()");
   }
}

class SubClass extends SuperClass {
   int x;

   SubClass (){
       super (); //调用父类的构造方法
       x =5;//super ( )要放在方法中的第一句
```

```
        System.out.println ("in SubClass:x = " +x);
    }

    void doSomething (){
        super.doSomething (); //调用父类的方法
        System.out.println ("in SubClass.doSomething()");
        System.out.println ("super.x = " +super.x + " sub.x = " +x);
    }
}

public class SuperTest {
    public static void main (String args[]){
        SubClass subC =new SubClass ();
        subC.doSomething ();
    }
}
```

运行结果如下：

in SuperClass：x =3

in SubClass：x =5

in SuperClass. doSomething（）

in SubClass. doSomething（）

super. x =3 sub. x =5

三、多态性

示例如下：

```
class A {
    void callme (){
        System.out.println ("Inside A's callme()method");
```

```
    }
}

class B extends A {
    void callme ()  {
        System.out.println ("Inside B's callme()Method");
    }
}

public class Dispatch {
    public static void main (String args[]) {
        A a=new B ();
        a.callme ();
    }
}
```

运行结果如下：

Inside B's callme（）Method

这说明声明了a变量为A类型，但是可以实例化一个A（也可以是一个接口）类型的一个子类（B类），当调用a变量的方法时，实际上是调用它的实例B的方法。

方法重写时应遵循如下两个原则：

第一，改写后的方法不能比被重写的方法有更严格的访问权限（可以相同）。

第二，改写后的方法不能比重写的方法产生更多的异常。

四、其他

1. final 关键字

final关键字可以修饰类、类的成员变量和成员方法，但final的作用不同。

（1）final修饰成员变量。final修饰变量则成为常量，例如：

final type variableName;

修饰成员变量时，定义时同时给出初始值，而修饰局部变量时不做要求。

（2）final修饰成员方法。final修饰方法，则该方法不能被子类重写。例如：

final returnType methodName (paramList) {
……
}

(3) final 修饰类。final 修饰类则类不能被继承。例如：

final class finalClassName {
……
}

2. 实例成员和类成员

用 static 所修饰的变量和方法称为类的成员变量和类的成员方法。用 static 关键字可以声明类变量和类方法，其格式如下：

```
static type classVar;
static returnType classMethod ({paramlist}) {
    …
}
```

如果在声明时不用 static 关键字修饰，则声明为实例变量和实例方法。

(1) 实例变量和类变量。每个对象的实例变量都分配内存，通过该对象来访问这些实例变量。不同的实例变量是不同的。

类变量仅在生成第一个对象时分配内存，所有实例对象共享同一个类变量，每个实例对象对类变量的改变都会影响到其他的实例对象。类变量可以通过类名直接访问，无须先生成一个实例对象，也可以通过实例对象访问类变量。

(2) 实例方法和类方法。实例方法可以对当前对象的实例变量进行操作，也可以对类变量进行操作，实例方法由实例对象调用。

但类方法不能访问实例变量，只能访问类变量。类方法可以由类名直接调用，也可由实例对象进行调用。类方法中不能使用 this 或 super 关键字。

例如：

```
class Member {
    static int classVar;
    int instanceVar;
    static void setClassVar (int i){
```

```
        classVar = i;
        //instanceVar = i; //类方法不能访问实例变量
    }

    static int getClassVar (){
        return classVar;
    }

    void setInstanceVar (int i){
        classVar = i; //实例方法不但可以访问类变量,还可以访问实例变量
        instanceVar = i;
    }

    int getInstanceVar (){
        return instanceVar;
    }
}

public class MemberTest {
    public static void main (String args[]){
        Member m1 = new Member ();
        Member m2 = new Member ();
        m1.setClassVar (1);
        m2.setClassVar (2);
        System.out.println ("m1.classVar = " + m1.getClassVar ()
                + " m2.ClassVar = " + m2.getClassVar ());
        m1.setInstanceVar (11);
        m2.setInstanceVar (22);
        System.out.println ("m1.InstanceVar = " + m1.getInstanceVar ()
                + " m2.InstanceVar = " + m2.getInstanceVar ());
    }
}
```

运行结果如下：

m1. classVar = 2 m2. ClassVar = 2

m1. InstanceVar = 11 m2. InstanceVar = 22

第 3 节　抽象类和接口

学习目标

➢掌握抽象类的相关知识

➢掌握接口的相关知识

➢掌握抽象类与接口的区别

一、抽象类

示例如下：

```
abstract class abstractClass {
    abstract void Caculate  (int x, int y);

    void abstractPrint  (){
        System.out.println  ("This is in abstract class.");
    }
}

class SubClass1 extends abstractClass {
    private double r;

    void Caculate  (int x, int y){
        r =x * y;
    }
```

```
    double getR (){
        return r;
    }

    void Print (){
        System.out.println ("This is in SubClass1.");
        System.out.println ("矩形面积为:" + r);
    }
}

class SubClass2 extends abstractClass {
    private double r =1;

    void Caculate (int x, int y){
        if (y > 0){
            for (int i =1; i < =y; i + +)
                r * =x;
        }
    }

    double getR (){
        return r;
    }

    void Print (){
        System.out.println ("This is in SubClass2.");
        System.out.println ("求得参数 x 的 y 次幂为:" + r);
    }
}
```

```
class SubClass3 extends abstractClass {
    private double r;

    void Caculate (int x, int y){
        r =2 * (x +y);
    }

    double getR (){
        return r;
    }

    void Print (){
        System.out.println ("This is in SubClass3 .");
        System.out.println ("矩形的周长为：" +r);
    }
}

public class AbstractClassTest {
    public static void main (String args[]){
        SubClass1 subObj1 =new SubClass1 ();
        subObj1.abstractPrint ();
        subObj1.Caculate (3, 4);
        subObj1.Print ();
        SubClass2 subObj2 =new SubClass2 ();
        subObj2.Caculate (3, 4);
        subObj2.Print ();
        SubClass3 subObj3 =new SubClass3 ();
        subObj3.Caculate (3, 4);
        subObj3.Print ();
    }
}
```

运行结果如下：

This is in abstract class.

This is in SubClass1.

矩形面积为：12.0

This is in SubClass2.

求得参数 x 的 y 次幂为：81.0

This is in SubClass3.

矩形的周长为：14.0

在示例中第 2 行 abstract void Caculate（int x，int y）方法特殊在它只有方法的声明（方法名、参数列表、返回值类型）没有方法的实现（这个方法要处理的事情）。它的子类 SubClass1，SubClass2 和 SubClass3 分别给出了三种不同的实现。

Java 语言中，用 abstract 关键字来修饰一个类时，这个类称为抽象类。用 abstract 关键字来修饰一个方法时，这个方法称为抽象方法。格式如下：

abstract class abstractClass {…} // 抽象类

abstract returnType abstractMethod （[paramlist]）// 抽象方法

抽象类必须被继承，抽象方法必须被重写。抽象方法只需声明，无须实现；抽象类不能被实例化，抽象类不一定要包含抽象方法。若类中包含了抽象方法，则该类必须被定义为抽象类。

在面向对象的概念中，所有的对象都是通过类来描绘的，但是反过来却不是这样。并不是所有的类都是用来描绘对象的，如果一个类中没有包含足够的信息来描绘一个具体的对象，这样的类就是抽象类。抽象类往往用来表征在对问题领域进行分析、设计中得出的抽象概念，是对一系列看上去不同，但是本质上相同的具体概念的抽象。比如，如果进行一个图形编辑软件的开发，就会发现问题领域存在圆、三角形这样一些具体概念，它们是不同的，但是它们又都属于形状这样一个概念，形状这个概念在问题领域是不存在的，它就是一个抽象概念。正是因为抽象的概念在问题领域没有对应的具体概念，所以用以表征抽象概念的抽象类是不能够实例化的。

在面向对象领域，抽象类主要用来进行类型隐藏。可以构造出一个固定的一组行为的抽象描述，但是这组行为却能够有任意个可能的具体实现方式，这个抽象描述就是抽象类，而这一组任意个可能的具体实现则表现为所有可能的派生类。

二、接口

示例如下：

```
public interface Action {

    double TOTALNUM1 =80;

    double TOTALNUM2 =100;

    void addValue  (int n);

    void subtractValue  (int n);

    void factorialValue  (int n);

    double getValue  ();
}
```

这是一个接口。从代码中可以看出，接口的方法都只有声明没有实现。下面是一个接口的实现：

```
public class InterfaceImp1 implements Action {
    double num =20;

    public void addValue  (int n){
        num + =n;
    }

    public void subtractValue  (int n){
        num - =n;
    }

    public void factorialValue  (int n){
        num =1;
```

```
        for  (int i =1; i < =n; i + +){
            num * =i;
        }
    }

    public double getValue  (){
        return num;
    }
}
```

当然实现接口类可以有多个。

接口是抽象类的一种，只包含常量和方法的定义，而没有变量和方法的实现，且其方法都是抽象方法。

它的用处体现在下面几方面：

第一，通过接口实现不相关类的相同行为，而无须考虑这些类之间的关系。

第二，通过接口指明多个类需要实现的方法。

第三，通过接口了解对象的交互界面，而无须了解对象所对应的类。

1. 接口的定义

接口的定义包括接口声明和接口体。

接口声明的格式如下：

[public] interface interfaceName [extends listOfSuperInterface] { … }

extends 子句与类声明的 extends 子句基本相同，不同的是一个接口可有多个父接口，用逗号隔开，而一个类只能有一个父类。

接口体包括常量定义和方法定义。

常量定义格式为：type NAME = value；该常量被实现该接口的多个类共享，具有 public，final，static 的属性。

方法定义格式为（具有 public 和 abstract 属性）：

returnType methodName ([paramlist])；

2. 接口的实现

在类的声明中用 implements 子句来表示一个类使用某个接口，在类体中可以使用接口中定义的常量，而且必须实现接口中定义的所有方法。一个类可以实现多个接口，在 implements 子句中用逗号分开。

3. 接口类型的使用

接口作为一种引用类型来使用。任何实现该接口的类的实例都可以存储在该接口类型的变量中，通过这些变量可以访问类所实现的接口中的方法。

三、抽象类与接口的区别

首先，abstract class 在 Java 语言中表示的是一种继承关系，一个类只能使用一次继承关系。但是，一个类却可以实现多个 interface。

其次，在 abstract class 的定义中，可以赋予方法的默认行为。但是在 interface 的定义中，方法却不能拥有默认行为。

在接口中不能定义默认行为可能会造成维护上的麻烦。因为如果后来想修改类的界面（一般通过 abstract class 或者 interface 来表示）以适应新的情况（比如，添加新的方法或者给已用的方法中添加新的参数）时，就会非常麻烦，可能要花费很多的时间（对于派生类尤为如此）。但是如果界面是通过 abstract class 来实现的，那么可能只需要修改定义在 abstract class 中的默认行为就可以了。

第 4 节　内　部　类

➢掌握内部类的定义和使用

➢掌握匿名类的定义和使用

一、内部类的定义和使用

示例如下：

```
import java.awt.Frame;
import java.awt.Label;
import java.awt.TextField;
```

```
import java.awt.event.MouseAdapter;
import java.awt.event.MouseEvent;
import java.awt.event.MouseMotionAdapter;

public class TwoListenInner {
    private Frame f;

    private TextField tf;

    public static void main (String args[]){
        TwoListenInner that = new TwoListenInner ();
        that.go ();
    }

    public void go (){
        f = new Frame ("Two listeners example");
        f.add ("North", new Label ("Click and drag the mouse"));
        tf = new TextField (30);
        f.add ("South", tf);
        f.addMouseMotionListener (new MouseMotionHandler ());
        f.addMouseListener (new MouseEventHandler ());
        f.setSize (300, 300);
        f.setVisible (true);
    }

    public class MouseMotionHandler extends MouseMotionAdapter {
        public void mouseDragged (MouseEvent e){
            String s = "Mouse dragging:X = " + e.getX () + "Y = " + e.
getY ();
            tf.setText (s);
        }
```

```
    }

    public class MouseEventHandler extends MouseAdapter {
        public void mouseEntered  (MouseEvent e){
            String s = "The mouse entered";
            tf.setText  (s);
        }

        public void mouseExited  (MouseEvent e){
            String s = "The mouse left the building";
            tf.setText  (s);
        }
    }
}
```

这是一个说明内部类如何使用的例子。其中定义了两个内部类：第 29 行 MouseMotionHandler 和第 36 行 MouseEventHandler，分别用来处理鼠标移动事件和鼠标点按事件。

内部类是在一个类的内部嵌套定义的类，它可以是其他类的成员，也可以是一个语句块的内部定义，还可以在表达式内部匿名定义。

内部类有如下特性：

第一，一般用在定义它的类或语句块之内，在外部引用它时必须给出完整的名称，名字不能与包含它的类名相同。

第二，可以使用包含它的类的静态和实例成员变量，也可以使用它所在方法的局部变量。

第三，可以定义为 abstract。

第四，可以声明为 private 或 protected。

二、匿名类的定义和使用

示例如下：

```
import java.awt.Frame;
import java.awt.Label;
import java.awt.TextField;
import java.awt.event.MouseAdapter;
import java.awt.event.MouseEvent;
import java.awt.event.MouseMotionAdapter;

public class TwoListenInner2 {
    private Frame f;

    private TextField tf;

    public static void main (String args[]){
        TwoListenInner2 that = new TwoListenInner2 ();
        that.go ();
    }

    public void go (){
        f = new Frame ("Two listeners example");
        f.add ("North", new Label ("Click and drag the mouse"));
        tf = new TextField (30);
        f.add ("South", tf);
        f.addMouseMotionListener (new MouseMotionAdapter(){
            /*
             * 定义了一个匿名类，类名没有显式地给出，
             * 只是该类是 MouseMotionHandler 类的子类
             */
            public void mouseDragged (MouseEvent e){
                String s = "Mouse dragging:X = " + e.getX () + "Y = " +
e.getY ();
                tf.setText (s);
```

```
        }
    });
    f.addMouseListener (new MouseAdapter (){
        /*
         * 定义了一个匿名类，类名没有显式地给出，
         * 只是该类是 MouseAdapter 类的子类
         */
         public void mouseEntered (MouseEvent e){
             String s = "The mouse entered";
             tf.setText (s);
         }

        public void mouseExited (MouseEvent e){
            String s = "The mouse left the building";
            tf.setText (s);
        }
    });

    f.setSize (300, 300);
    f.setVisible (true);
  }

}
```

这个示例实现了上个示例相同的功能，但是第 23 行创建一个监听类的实例的时候同时带有这个类的声明。这是内部类的一种，称为匿名类。

匿名类是一种特殊的内部类，它是在一个表达式内部包含一个完整的类定义。通过对示例中 go（）部分语句的修改，可以看到匿名类的使用情况。

内部类的优点是使编译后产生的字节码文件变小，缺点是使程序结构不清楚。

第 5 章

Java 的异常处理

第 1 节　异　常

学习目标

➢掌握 Java 的异常

➢掌握异常处理机制

➢掌握异常类的层次

一、异常示例

异常就是在程序的运行过程中所发生的异常事件，会中断指令的正常执行。Java 语言中提供了一种独特的处理异常的机制，通过异常来处理程序设计中出现的错误。

示例如下：

```
class ExceptionDemo2{
    public static void main  ( String args[ ] ){
        int a =0;
        System.out.println  ( 5 /a );
}
}
```

这个程序没有编译错误，但是运行时产生了错误：

java. lang. ArithmeticException：/ by zero at

　　ExceptionDemo2. main（ExceptionDemo2. java：4）

因为除数不能为 0，所以在程序运行的时候出现了除 0 溢出的异常事件。

从上面的示例可以看出异常有两种：一种是编译期异常，另一种是运行期异常。

二、异常处理机制

1. 捕获异常

当 Java 运行时系统得到一个异常对象时，它将会沿着方法的调用栈逐层回溯，寻找处理这一异常的代码。找到能够处理这种类型的异常的方法后，运行时系统把当前异常对象交给这个方法进行处理，这一过程称为捕获（catch）异常。这是积极的异常处理机制。如果 Java 运行时系统找不到可以捕获异常的方法，则运行时系统将终止，相应的 Java 程序也将退出。

捕获异常是通过 try - catch - finally 语句实现的。

（1）try。捕获异常的第一步是用 try {…} 选定捕获异常的范围，由 try 所限定的代码块中的语句在执行过程中可能会生成异常对象并抛出。

（2）catch。每个 try 代码块可以伴随一个或多个 catch 语句，用于处理 try 代码块中所生成的异常事件。catch 语句只需要一个形式参数指明它所能够捕获的异常类型，这个类必须是 Throwable 的子类，运行时系统通过参数值把被抛出的异常对象传递给 catch 块。

在 catch 块中是对异常对象进行处理的代码，与访问其他对象一样，可以访问一个异常对象的变量或调用它的方法。getMessage（ ）是类 Throwable 所提供的方法，用来得到有关异常事件的信息，类 Throwable 还提供了方法 printStackTrace（ ）用来跟踪异常事件发生时执行堆栈的内容。例如：

```
try {
      ......
    } catch  ( FileNotFoundException e ) {
      System. out. println  ( e );
      System. out. println  ( " message:"  +e. getMessage  ());
      e. printStackTrace  ( System. out );
    } catch  ( IOException e ) {
      System. out. println  ( e );
    }
```

捕获异常的顺序和 catch 语句的顺序有关，当捕获到一个异常时，剩下的 catch 语句就不再进行匹配。因此，在安排 catch 语句的顺序时，首先应该捕获最特殊的异常，然后再逐渐一般化。也就是一般先安排子类，再安排父类。

（3）finally。捕获异常的最后一步是通过 finally 语句为异常处理提供一个统一的出口，使得在控制流转到程序的其他部分以前，能够对程序的状态作统一的管理。不论在 try 代码块中是否发生了异常事件，finally 块中的语句都会被执行。

2. 抛出异常

如果一个方法并不知道如何处理所出现的异常，则可在方法声明时，声明抛出（throws）异常。这是一种消极的异常处理机制。

抛出异常就是产生异常对象的过程，首先要生成异常对象，异常或者由虚拟机生成，或者由某些类的实例生成，也可以在程序中生成。在方法中，抛出异常对象是通过 throw 语句实现的。

例如：

```
IOException e = new IOException   ( );
throw e ;
```

可以抛出的异常必须是 Throwable 或其子类的实例。下面的语句在编译时将会产生语法错误：

```
throw new String   (" want to throw");
```

三、异常类的层次

在 JDK 中，每个包中都定义了异常类，而所有的异常类都直接或间接地继承于 Throwable 类。JDK 中异常类的继承关系如图 5—1 所示。

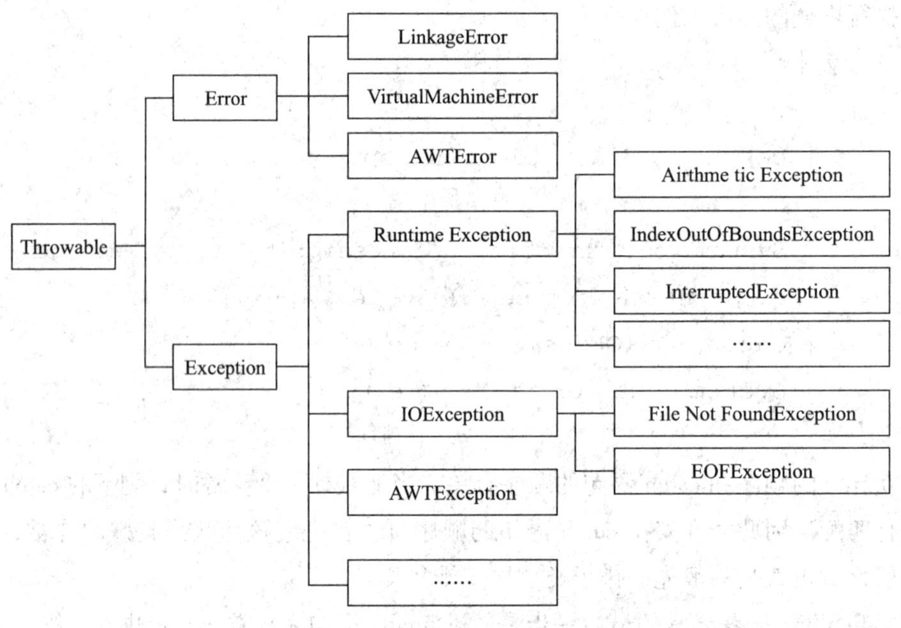

图 5—1　JDK 中异常类的继承关系

Java 中的异常类可分为 Error 和 Exception 两大类。

1. Error

（1）总是不可控制的（unchecked）。

（2）经常用于表示系统错误或低层资源的错误。

（3）如果可能的话，应该在系统级被捕捉。

2. Exception

（1）可以是可控制（checked）或不可控制的（unchecked）。

（2）表示一个由程序员导致的错误。

（3）应该在应用程序级被处理。

第 2 节　自定义异常类

定义两个异常类：FileReadException 和 SplitCharException。

自定义异常类如图 5—2 所示。

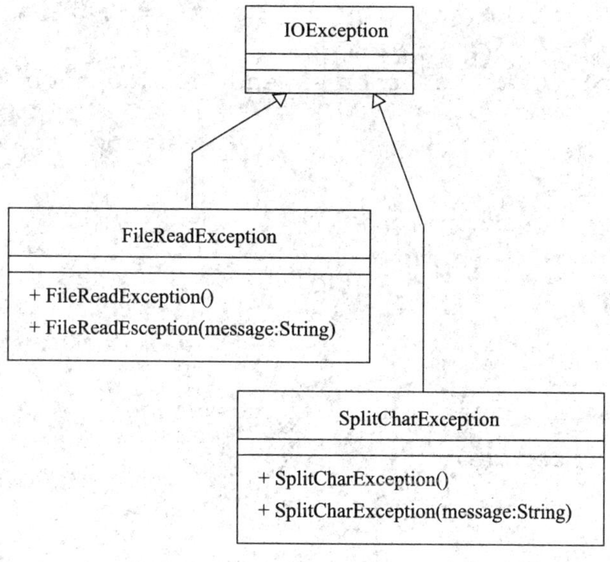

图 5—2　自定义异常类

自定义异常类 FileReadException：

```
import java.io.IOException;

public class FileReadException extends IOException  {

    public FileReadException  (){
        super  ();
```

```
    }

    public FileReadException  (String message){
        super  (message);
    }
}
```

自定义异常类 SplitCharException：

```
import java.io.IOException;

public class SplitCharException extends IOException  {


    public SplitCharException  (){
        super  ();
    }

    public SplitCharException  (String message){
        super  (message);
    }
}
```

自定义异常类必须是 Throwable 的直接或间接子类。

注意：一个方法所声明抛出的异常是作为这个方法与外界交互的一部分而存在的。所以，方法的调用者必须了解这些异常，并确定如何正确处理。

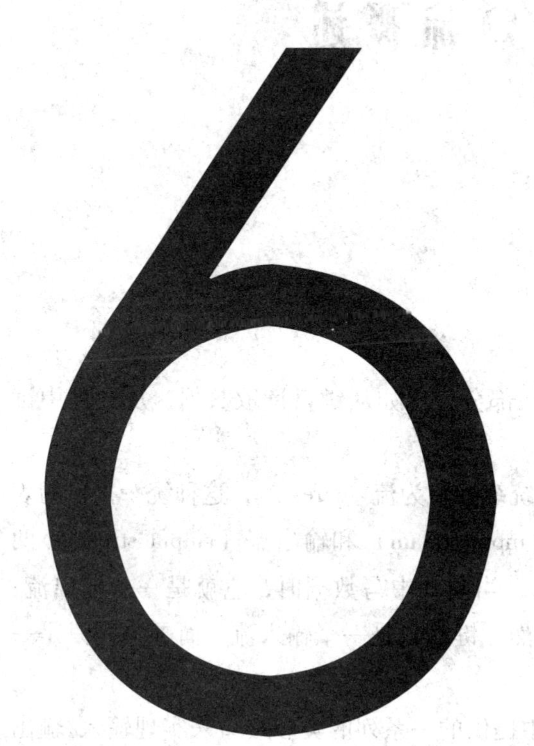

第 6 章

I/O 流

第 1 节　I/O 流概述

学习目标

➤熟悉 I/O 的层次

➤掌握 InputStream 和 OutputStream

输入/输出处理是程序设计中非常重要的一部分，比如从键盘读取数据、从文件中读取数据或向文件中写数据等。

Java 语言把这些不同类型的输入、输出源统统抽象为流（stream），这种统一接口的表示方法使程序简单明了。流一般分为输入流（input stream）和输出流（output stream）两类，但这种划分并不是绝对的。比如一个文件，当向其中写数据时，它就是一个输出流；当从其中读取数据时，它就是一个输入流。当然，键盘只是一个输入流，而屏幕则只是一个输出流。

在 Java 开发环境中，主要是由包 java. io 中提供的一系列的类和接口来实现输入/输出处理。标准输入/输出处理则是由包 java. lang 中提供的类来处理的，但这些类又都是从包 java. io 中的类继承而来的。

在 JDK1. 1 之前，java. io 包中的流只有普通的字节流（以 byte 为基本处理单位的流），这种流对于以 16 位的 Unicode 码表示的字符流处理很不方便。从 JDK1. 1 开始，java. io 包中加入了专门用于字符流处理的类（以 Reader 和 Writer 为基础派生的一系列类）。

另外，为了使对象的状态能够方便地永久保存下来，JDK1. 1 以后的 java. io 包中提供了以字节流为基础的用于对象的永久化保存状态的机制（通过实现 ObjectInput 和 ObjectOutput 接口）。

Java 中的流代表的是任何有能力产出数据的数据源，或是任何有能力接收数据的接收源。在 Java 的 I/O 中，所有的 stream（包括 input 和 out stream）都包括两种类型：以字节为导向的 stream 和以 Unicode 字符为导向的 stream。

一、I/O 流的层次

1. 字节流

从 InputStream 和 OutputStream 派生出一系列类。这类流以字节（byte）为基本处理单位。字节输入流 InputStream 与字节输出流 OutputStream 是两个抽象类。它们为 java. io 包中名目繁多的字节输入流和输出流打下了基础。

字节流的一个字节序列与外部设备中的字节存在一一对应的关系，也就是说，不存在字符的转换，被读写字节的个数与外部设备中的字节个数是相同的。

字节流的结构如图 6—1 所示。

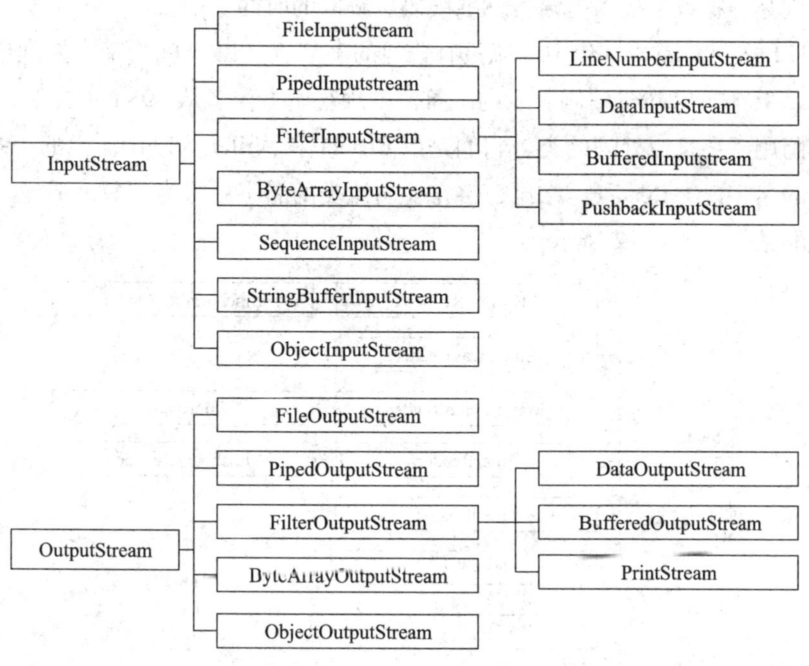

图 6—1　字节流的结构

图 6—1 中各项意义如下：

（1）InputStream、OutputStream：输入流，输出流。

（2）FileInputStream、FileOutputStream：文件输入输出流。

（3）PipedInputStream、PipedOutputStream：管道输入输出流。

（4）ByteArrayInputStream、ByteArrayOutputStream：字节序列输入输出流。

（5）FilterInputStream、FilterOutputStream：Filter 输入输出流。

（6）DataInputStream、DataOutputStream：数据输入输出流。

（7）BufferedInputStream、BufferedOutputStream：缓冲输入输出流。

2. 字符流

从 Reader 和 Writer 派生出一系列类，这类流以 16 位的 Unicode 码表示的字符为基本处理单位。

字符流是一个字符序列。在字符流中，可按需要进行某些字符的转换，在被读写字符和外部设备中的字符之间不存在一一对应关系，被读写字符的个数可能与外部设备中的字符个数不一样。

字符流 I/O 有其显而易见的好处。首先，它可以适用于世界上大部分语言，从而为 Java 程序的本地化带来方便。其次，一次读一个字符（16 位）比读一个字节来得快，一般情况下可以弥补将数据按当前语言标准编码、解码的时间开销。

在 JDK1. 1 之前，java. io 包中的流只有普通的字节流（以 byte 为基本处理单位的流），这种流对于以 16 位的 Unicode 码表示的字符流处理很不方便。从 JDK1. 1 开始，java. io 包中加入了专门用于字符流处理的类，它们是以 Reader 和 Writer 为基础派生的一系列类。字符输入流类的名字以“Reader”结尾，字符输出流类的名字后缀为“Writer”。

字符流的结构如图 6—2 所示。

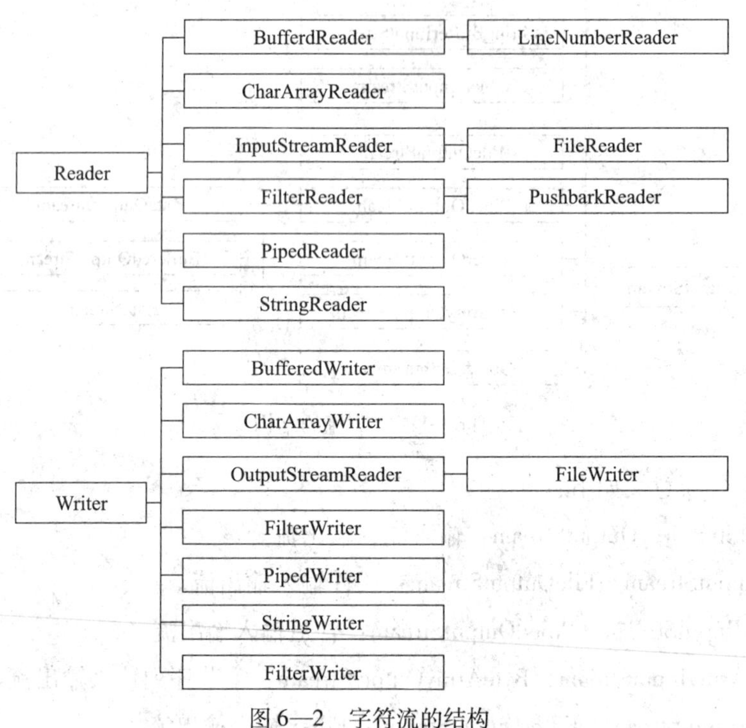

图 6—2　字符流的结构

图 6—2 中各项意义如下：

（1）Reader、Writer：读取文件类，写入文件类。

（2）InputStreamReader、OutputStreamWriter：输入输出流转换为字符后读写。

（3）FileReader、FileWriter：读写字符文件类。

（4）CharArrayReader、CharArrayWriter：将字符组作为数据流读写。

（5）PipedReader、PipedWriter：传送的字符输入输出流。

（6）FilterReader、FilterWriter：已过滤字符读写流。

（7）BufferedReader、BufferedWriter：字符缓冲读写。

（8）StringReader、StringWriter：源为字符串的字符流读写。

二、InputStream 和 OutputStream

1. InputStream

InputStream 类是基本的输入类。它定义了所有输入流所需的方法。

（1）从流中读取数据

```
int read  ( ); // 读取一个字节，返回值为所读的字节
int read  ( byte b [ ] ); // 读取多个字节，放置到字节数组 b 中，通常
                          // 读取的字节数量为 b 的长度，返回值为实际
                          // 读取的字节的数量
int read  ( byte b [ ], int off, int len ); // 读取 len 个字节，放置
                           // 到以下标 off 开始的字节
                           // 数组 b 中，返回值为实
                           // 际读取的字节的数量
int available  ( );     // 返回值为流中尚未读取的字节的数量
long skip  ( long n ); // 读指针跳过 n 个字节不读，返回值为实际
                       // 跳过的字节数量
```

（2）关闭流

```
close  ( ); // 流操作完毕后必须关闭
```

（3）使用输入流中的标记

```
void mark  ( int readlimit ); // 记录当前读指针所在位置，readlimi 表示读指针读出
                              // readlimit 个字节后所标记的指针位置才失效
void reset  ( );        // 把读指针重新指向用 mark 方法所记录的位置
boolean markSupported  ( );   // 当前的流是否支持读指针的记录功能
```

有关每个方法的使用，详见 Java API。

2. OutputStream

OutputStream 类定义了一套所有输出流所需的方法。

（1）输出数据

void write （int b）; // 往流中写一个字节 b

void write （byte b［］）; // 往流中写一个字节数组 b

void write （byte b［］, int off, int len）; // 把字节数组 b 中从
// 下标 off 开始，长度为 len 的字节写入流中

（2）flush （） // 刷空输出流，并输出所有被缓存的字节。由于某些流
// 支持缓存功能，该方法将把缓存中所有内容强制输出
到流中。

（3）关闭流

close （）; // 流操作完毕后必须关闭

第 2 节 文 件 处 理

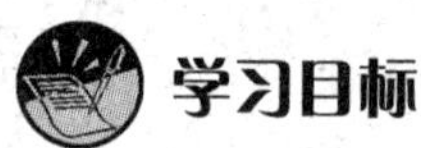

学习目标

➢熟悉文件描述

➢掌握文件的顺序处理

I/O 处理中，最常见的是对文件的操作，java. io 包中有关文件处理的类有 File、FileInputStream、FileOutputStream、RamdomAccessFile 和 FileDescriptor，接口有 FilenameFilter。

一、文件描述

类 File 提供了一种与机器无关的方式来描述一个文件对象的属性。下面介绍类 File 中提供的各种方法。

1. 文件或目录的生成

public File （String path）; /＊如果 path 是实际存在的路径，则该 File 对象/＊表示的是目录；如果 path 是文件名，则该 File 对象表示的是文件。＊/

public File （String path, String name）; // path 是路径名，name 是文件名

public File （File dir，String name）；// dir 是路径名，name 是文件名

2. 文件名的处理

String getName （）；// 得到一个文件的名称（不包括路径）

String getPath （）；// 得到一个文件的路径名

String getAbsolutePath （）；// 得到一个文件的绝对路径名

String getParent （）；// 得到一个文件的上一级目录名

String renameTo （File newName）；

// 将当前文件名更名为给定文件的完整路径

3. 文件属性测试

boolean exists （）；// 测试当前 File 对象所指示的文件是否存在

boolean canWrite （）；// 测试当前文件是否可写

boolean canRead （）；// 测试当前文件是否可读

boolean isFile （）；// 测试当前文件是否是文件（不是目录）

boolean isDirectory （）；// 测试当前文件是否是目录

4. 普通文件信息和工具

long lastModified （）；// 得到文件最近一次修改的时间

long length （）；// 得到文件的长度，以字节为单位

boolean delete （）；// 删除当前文件

5. 目录操作

boolean mkdir （）；// 根据当前对象生成一个由该对象指定的路径

String list （）；// 列出当前目录下的文件

示例如下：

```
import java.io.File;
import java.io.FilenameFilter;

public class FileFilterTest {
    public static void main （String args[]）{
        File dir = new File （"d://cx"）；//用 File 对象表示一个目录
        Filter filter = new Filter （"java"）；//生成一个名为 java 的过滤器
```

```
        System.out.println ("list Java files in directory " +dir);
        String files[] =dir.list (filter); /* 列出目录 dir 下,文件后缀名为 Java 的所有文件 */
        for (int i =0; i < files.length; i + +){
        File f =new File (dir, files[i]); /* 为目录 dir 下的文件或目录创建一个 File 对象 */
            if (f.isFile ())//如果该对象为后缀是 Java 的文件,则打印文件名
                System.out.println ("file" +f);
            else
                System.out.println ("sub directory" +f); /* 如果是目录则打印目录名 */
        }
    }
}

class Filter implements FilenameFilter {
    String extent;

    Filter (String extent){
        this.extent =extent;
    }

    publicboolean accept (File dir, String name){
        return name.endsWith ("." +extent); //返回文件的后缀名
    }
}
```

这个示例用于定义一个文件过滤类，第 24 ~ 34 行就是这个文件过滤类，需要实现 FilenameFilter 接口。通过这个过滤类，主程序可以查找列出目录 dir 下文件后缀名为 Java

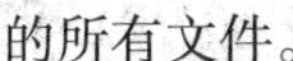

的所有文件。

二、文件的顺序处理

一个文件 Copy 的示例如下：

```
import java.io.File;
import java.io.FileInputStream;
import java.io.FileNotFoundException;
import java.io.FileOutputStream;
import java.io.IOException;

public class FileSeqAccess {
    public static void main (String args[]){
        File fileObj = new File ("d:\\file\\testbk.txt");
        FileInputStream inObj;
        FileOutputStream outObj;
        try {
            fileObj.createNewFile ();
            inObj = new FileInputStream ("d:\\file\\test.txt");
            outObj = new FileOutputStream ("d:\\file\\testbk.
txt");
            System.out.println ("******************************");
            System.out.println ("The content of test.txt:");

            int Len;
            byte[] Buf = new byte[12];
            try {
                while ((Len = inObj.read (Buf, 0, 12))! = -1){
                    String copyStr = new String (Buf);
                    System.out.println (copyStr);
                    outObj.write (Buf, 0, Len);
```

```
                }
            } catch (IOException e){
                System.out.println ("error:" +e);
            }

        } catch (FileNotFoundException e){
            System.out.println (e);
        } catch (IOException e){
            System.out.println (e);
        }
    }
}
```

类 FileInputStream 和 FileOutputStream 用于进行文件 I/O 处理，由它们所提供的方法可以打开本地主机上的文件，并进行顺序的读/写。例如，上述语句段是顺序读取文件名为 text 的文件里的内容，并显示在控制台上面，直到文件结束为止。

第 3 节　字符流的处理

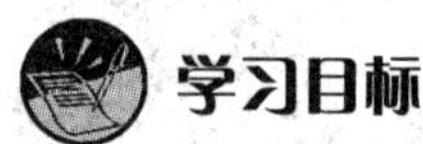

➤掌握字符流的处理方法

Java 语言中提供了处理以 16 位的 Unicode 码表示的字符流的类，即以 Reader 和 Writer 为基类派生出的一系列类。

一、Reader 和 Writer

这两个类是抽象类，只是提供了一系列用于字符流处理的接口，不能生成这两个类的实例，只能通过使用由它们派生出来的子类对象来处理字符流。

1. Reader 类

Reader 类是处理所有字符流输入类的父类。

（1）读取字符

public int read （）throws IOException；// 读取一个字符，返回值为读取的字符

public int read （char cbuf [ ]）throws IOException；/ * 读取一系列字符到数组 cbuf [ ] 中，返回值为实际读取的字符的数量 * /

public abstract int read （char cbuf [ ]，int off，int len）throws IOException；

/ * 读取 len 个字符，从数组 cbuf [ ] 的下标 off 处开始存放，返回值为实际读取的字符数量，该方法必须由子类实现 * /

（2）标记流（即对流作标记）

public boolean markSupported （）；// 判断当前流是否支持做标记

public void mark （int readAheadLimit）throws IOException；

// 给当前流做标记，最多支持 readAheadLimit 个字符的回溯。

public void reset （）throws IOException；// 将当前流重置到做标记处

（3）关闭流

public abstract void close （）throws IOException；

2. Writer 类

Writer 类是处理所有字符流输出类的父类。

（1）向输出流写入字符

public void write （int c）throws IOException；

// 将整型值 c 的低 16 位写入输出流

public void write （char cbuf [ ]）throws IOException；

// 将字符数组 cbuf [ ] 写入输出流

public abstract void write （char cbuf [ ]，int off，int len）throws IOException；

// 将字符数组 cbuf [ ] 中的从索引为 off 的位置处开始的 len 个字符写入输出流

public void write （String str）throws IOException；

// 将字符串 str 中的字符写入输出流

public void write （String str，int off，int len）throws IOException；

// 将字符串 str 中从索引 off 开始处的 len 个字符写入输出流

（2）flush（ ）

刷空输出流，并输出所有被缓存的字节。

（3）关闭流

public abstract void close （） throws IOException;

二、InputStreamReader 和 OutputStreamWriter

java. io 包中用于处理字符流的最基本的类，用来在字节流和字符流之间作为中介。

1. 生成流对象

public InputStreamReader （InputStream in）;

/ * in 是字节流，而 InputStreamReader 是字符流，但是其来源是字节流 in，

因此 InputStreamReader 就可以把字节流 in 转换成字符流处理。* /

public InputStreamReader （InputStream in, String enc）

throws UnsupportedEncodingException;

/ * enc 是编码方式，就是从字节流到字符流进行转换时所采用的编码方式，

例如 ISO8859 - 1，UTF - 8，UTF - 16 等 * /

public OutputStreamWriter （OutputStream out）;

/ * out 是字节流，而 OutputStreamReader 是字符流 * /

public OutputStreamWriter （OutputStream out, String enc）

throws UnsupportedEncodingException; // enc 是编码方式

2. 读入和写出字符

基本同 Reader 和 Writer。

3. 获取当前编码方式

public String getEncoding （）;

4. 关闭流

public void close （） throws IOException;

三、BufferedReader 和 BufferedWriter

1. 生成流对象

public BufferedReader （Reader in）; // 使用默认的缓冲区大小

public BufferedReader （Reader in, int sz）; // sz 为缓冲区的大小

public BufferedWriter （Writer out）;

public BufferedWriter （Writer out, int sz）;

2. 读入/写出字符

除了 Reader 和 Writer 中提供的基本的读写方法外，增加了对整行字符的处理。

public String readLine （）throws IOException；// 读一行字符

public void newLine （）throws IOException；// 写一行字符

从键盘接收输入数据的示例如下：

```
import java.io.BufferedReader;
import java.io.IOException;
import java.io.InputStreamReader;

public class NumberInput {
    public static void main (String args[]){
        try {
            InputStreamReader ir;
            BufferedReader in;
            ir = new InputStreamReader (System.in);
            //从键盘接收了一个字符串的输入,并创建了一个字符输入流的对象
            in = new BufferedReader (ir);
            String s = in.readLine ();
            //从输入流 in 中读入一行,并将读取的值赋值给字符串变量 s
            System.out.println ("Input value is:" + s);
            int i = Integer.parseInt (s);//转换成 int 型
            i * =2;
             System.out.println ("Input value changed after doub-
led:" + i);
        } catch (IOException e){
            System.out.println (e);
        }
    }
}
```

在控制台输入一个 3：

3

结果：

Input value is：3

Input value changed after doubled：6

示例中的第 10 行，System. in 是一个很特殊的输入流，向控制台（键盘）输入字节，System. out 相互对应，它是向控制台输出字节。InputStreamReader 类是将输入的字节流转换成字符流。在第 13 行构造了一个 BufferedReader 缓冲字符输入流，它要通过一个低级的输入流（InputStreamReader）才能构造。

注意：在读取字符流时，如果不是来自于本地的，比如说来自于网络上某处与本地编码方式不同的机器，那么在构造输入流时就不能简单地使用本地默认的编码方式，否则读出的字符就不正确；为了正确地读出异种机上的字符，应该使用下述方式构造输入流对象：

ir = new InputStreamReader （is，" 8859_ 1"）；

ISO 8859_ 1 编码方式是一种映射到 ASCII 码的编码方式，可以在不同平台之间正确转换字符。

第 7 章

图形用户界面设计

第1节　用抽象窗口工具包生成图形化用户界面

学习目标

➢了解 java. awt 包

➢熟悉组件与容器

抽象窗口工具包（abstract window toolkit，AWT）是 API 为 Java 程序提供的建立图形用户界面（graphics user interface，GUI）的工具集，它的内容相当丰富，共有 60 多个类和接口。AWT 可用于 Java 的 Applet 和 Applications 中，利用 AWT 类库，用户可以方便地建立自己的窗口界面，响应并处理交互事件。

抽象窗口工具包 AWT 支持图形用户界面编程的功能包括：用户界面组件；事件处理模型；图形和图像工具，包括形状、颜色和字体类；布局管理器，灵活的窗口布局与特定窗口的尺寸和屏幕分辨率无关；数据传送类，可以通过本地平台的剪贴板来进行剪切和粘贴。

一、java. awt 包

java. awt 包中提供了 GUI 设计所使用的类和接口，主要类之间的关系如图 7—1 所示。

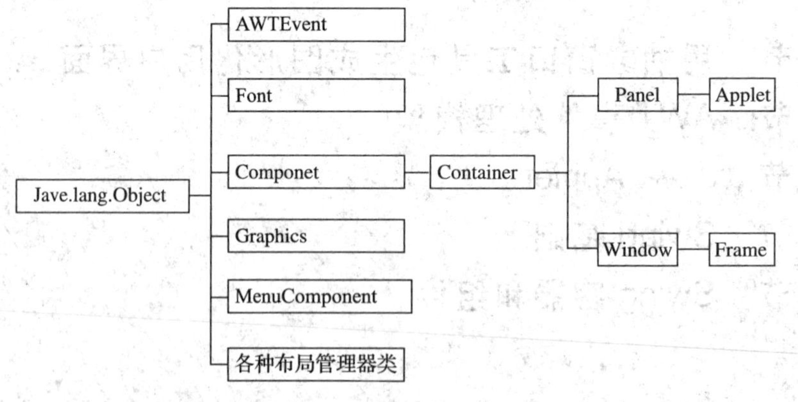

图 7—1　主要类之间的关系

java. awt 包提供了基本的 Java 程序的 GUI 设计工具。主要包括下述三个概念：

第一，组件（Component）；

第二，容器（Container）；

第三，布局管理器（LayoutManager）。

二、组件和容器

Java 的图形用户界面的最基本组成部分是组件（Component），组件是一个可以以图形化的方式显示在屏幕上并能与用户进行交互的对象，例如一个按钮、一个标签等。组件不能独立地显示出来，必须将组件放在一定的容器中才可以显示出来。

类 java. awt. Component 是许多组件类的父类，Component 类中封装了组件通用的方法和属性，如图形的组件对象、大小、显示位置、前景色和背景色、边界、可见性等，因此许多组件类也就继承了 Component 类的成员方法和成员变量，相应的成员方法包括：getComponentAt（int x，int y），getFont（），getForeground（），getName（），getSize（），paint（Graphics g），repaint（），update（），setVisible（boolean b），setSize（Dimension d），setName（String name）等。

容器（container）也是一个类，实际上是 Component 的子类，因此容器本身也是一个组件，具有组件的所有性质，但是它的主要功能是容纳其他组件和容器。

每个容器都有一个布局管理器，当容器需要对某个组件进行定位或判断其大小尺寸时，就会调用其对应的布局管理器。

为了使生成的图形用户界面具有良好的平台无关性，Java 语言中，提供了布局管理器这个工具来管理组件在容器中的布局，而不使用直接设置组件位置和大小的方式。

在程序中安排组件的位置和大小时，应该注意以下两点：

1. 容器中的布局管理器负责各个组件的大小和位置，因此用户无法在这种情况下设置组件的这些属性。如果试图使用 Java 语言提供的 setLocation（），setSize（），setBounds（）等方法，则都会被布局管理器覆盖。

2. 如果用户确实需要亲自设置组件大小或位置，则应取消该容器的布局管理器，方法为 setLayout（null）；

三、常用容器

容器 java. awt. Container 是 Component 的子类，一个容器可以容纳多个组件，并使它们成为一个整体。容器可以简化图形化界面的设计，以整体结构来布置界面。所有的容器都可以通过 add（）方法向容器中添加组件。

有三种类型的容器：Window、Panel、ScrollPane，常用的有 Panel，Frame，Applet。

1. Frame

Frame 类是 Window 类的一个子类，它的实例是一个有标题和缩放窗口按钮的窗口。Frame 是一个基本的容器窗口，可以通过 add（）方法向其中添加组件。

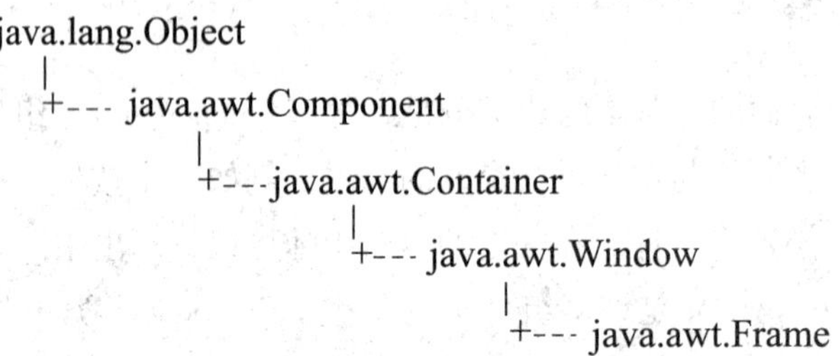

以下是容器的例子：

```
import java.awt.Color;
import java.awt.Frame;

public class MyFrame extends Frame {
    public static void main  (String args[]){
        //构造方法
        MyFrame fr = new MyFrame  ("Hello Out There!");
        //设置 Frame 的大小,默认为(0,0)
        fr.setSize  (300, 300);
        //设置 Frame 的背景,默认为红色
        fr.setBackground  (Color.red);
        //设置 Frame 为可见,默认为不可见
        fr.setVisible  (true);
    }

    public MyFrame  (String str){
        super  (str); //调用父类的构造方法
    }
}
```

运行结果如图 7—2 所示。

图 7—2 运行结果

一般要生成一个窗口，通常是用 Window 的子类 Frame 来进行实例化，而不是直接用 Window 类。Frame 的外观就像平常在 Windows 系统下见到的窗口，有标题、边框、菜单、大小等。每个 Frame 的对象实例化以后，都是没有大小和不可见的，因此必须调用 setSize（ ）来设置大小，调用 setVisible（true）来设置该窗口为可见的。

另外，AWT 在实际的运行过程中是调用所在平台的图形系统，因此同样一段 AWT 程序在不同的操作系统平台下运行所看到的图形系统是不一样的。例如在 Windows 下运行，则显示的窗口是 Windows 风格的窗口；而在 UNIX 下运行时，则显示的是 UNIX 风格的窗口。

2. Panel

Panel 类为组件提供相应空间，可以通过 add（ ）方法添加组件。

```
java.lang.Object
   |
   +---java.awt.Component
           |
           +--- java.awt.Container
                   |
                   +---java.awt.Panel
```

Panel 的示例如下：

```
import java.awt.Color;
import java.awt.Frame;
import java.awt.Panel;

public class FrameWithPanel extends Frame {
    public FrameWithPanel  (String str){
```

```
        super  (str);
    }
    public static void main  (String args[]){
        FrameWithPanel fr = new FrameWithPanel  ("Frame with Panel");
        Panel pan = new Panel  ();
        fr.setSize  (300,300);
        fr.setBackground  (Color.red);
        //框架 fr 的背景颜色设置为红色
        fr.setLayout  (null);
        //取消布局管理器
        pan.setSize  (100,100);
        pan.setBackground  (Color.yellow);
        //设置面板 pan 的背景颜色为黄色
        fr.add  (pan); //用 add 方法把面板 pan 添加到框架 fr 中
        fr.setVisible  (true);
    }
}
```

运行结果如图 7—3 所示。

图 7—3　Panel 示例的运行结果

Panel 是一个轻量级的容器，它必须放置在其他的容器中才能使用，本例中是放到 Frame 中，红色区域是 Frame，黄色区域是 Panel，Panel 没有边框，没有标题，没有窗口按钮。Panel 一般用于构建复杂页面。

四、LayoutManager 布局管理器

请先看布局管理器示例：

```
import java.awt.Button;
import java.awt.FlowLayout;
import java.awt.Frame;

public class ExGui {
    private Frame f;

    private Button b1;

    privateButton b2;

    public static void main  (String args[]){
        ExGui that  = new ExGui  ();
        that.go  ();
    }

    public void go  (){
        f  = new Frame  ("GUI example");
        f.setLayout  (new FlowLayout  ());
        //设置布局管理器为 FlowLayout
        b1  = new Button  ("Press Me");
        //按钮上显示字符"Press Me"
        b2  = new Button  ("Don't Press Me");
```

```
        f.add  (b1);
        f.add  (b2);
        f.pack  ();
        //紧凑排列，其作用相当于 setSize  (),
        //即让窗口尽量小,小到刚刚能够包容住 b1，b2 两个按钮
        f.setVisible  (true);
    }
}
```

运行结果如图 7—4 所示。

图 7—4　运行结果

示例的第 19 行使用了一个叫 FlowLayout 的布局管理器，它设置 Frame 容器的布局由 FlowLayout 管理。

Java 为了实现跨平台的特性并且获得动态的布局效果，Java 将容器内的所有组件安排给一个“布局管理器”负责管理，如排列顺序，组件的大小、位置，当窗口移动或调整大小后组件如何变化等功能授权给对应的容器布局管理器来管理，不同的布局管理器使用不同的算法和策略，容器可以通过选择不同的布局管理器来决定布局。

布局管理器主要包括 FlowLayout，BorderLayout，GridLayout，CardLayout，GridBagLayout。

1. FlowLayout

顺序布局是容器的默认布局策略，即将加入容器中的组件依次从左至右，从上至下排列，适用于组件个数较少的情况。

采用了顺序布局策略的容器，可直接用 add（）方法加入组件，由系统根据容器和组件的大小自动排列它们。默认情况下，系统采用居中对齐的方式排列组件，组件间的间隔为 5 像素，可通过 FlowLayout 的构造函数改变这些设置。

先看一个 FlowLayout 的示例：

```
import java.awt.Button;
import java.awt.FlowLayout;
```

```
import java.awt.Frame;

public class FlowLayoutSample {
    public static void main (String args[]){
        Frame f = new Frame ();
        f.setTitle ("这是一个 FlowLayout 的例子!");
        f.setLayout (new FlowLayout ());
        Button button1 = new Button ("Ok");
        Button button2 = new Button ("Open");
        Button button3 = new Button ("Close");
        f.add (button1);
        f.add (button2);
        f.add (button3);
        f.setSize (350,100);
        f.setVisible (true);
    }
}
```

运行结果如图 7—5 所示。

第 9 行在 Frame 中设置布局管理器是 FlowLayout，三个按钮的摆放是从左到右。如果将窗口变窄，会看到按钮上下摆放，结果如图 7—6 所示。

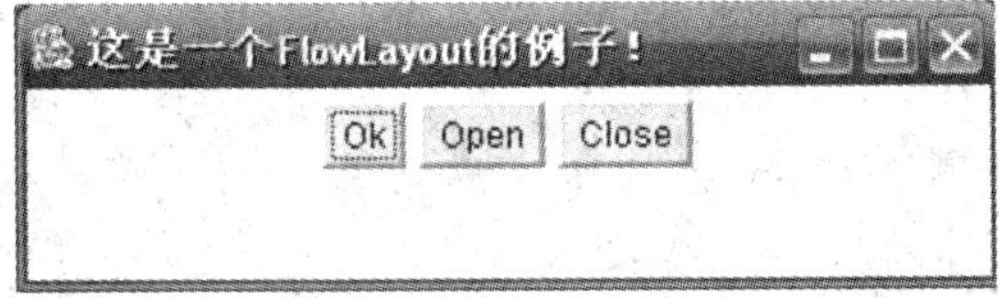

图 7—5 运行结果

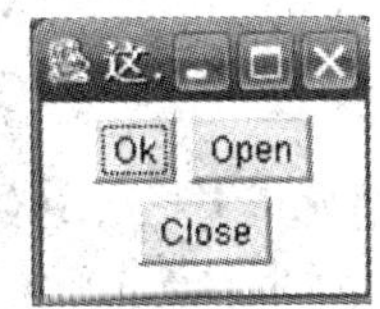

图 7—6 窗口变窄后的结果

FlowLayout 是 Panel，Applet 的默认布局管理器。其组件的放置规律是从上到下、从左到右进行放置，如果容器足够宽，第一个组件先添加到容器中第一行的最左边，后续的组件依次添加到上一个组件的右边，如果当前行已放置不下该组件，则放置到下一行的最左边。

构造方法主要有以下几种：

FlowLayout （FlowLayout. RIGHT,20,40）；

/＊第一个参数表示组件的对齐方式，指组件在这一行中的位置是居中对齐、居右对齐还是居左对齐，第二个参数是组件之间的横向间隔，第三个参数是组件之间的纵向间隔，单位是像素。＊/

FlowLayout （FlowLayout. LEFT）；

//居左对齐，横向间隔和纵向间隔都是默认值5像素

FlowLayout （）；

//默认的对齐方式居中对齐，横向间隔和纵向间隔都是默认值5像素

2. BorderLayout

区域布局将容器空间分为东西南北中五个区域，加入组件时，应通过字符串“East”“West”“South”“North”“Center”来标记组件的方位。

BorderLayout 的示例如下：

```
import java.awt.BorderLayout;
import java.awt.Button;
import java.awt.Frame;


public class BorderLayoutSample {
public static void main (String args[]){
    Frame f = new Frame ("BorderLayout");
    f.setLayout (new BorderLayout ());
    f.add ("North", new Button ("North"));
    //第一个参数表示把按钮添加到容器的North区域
    f.add ("South", new Button ("South"));
    //第一个参数表示把按钮添加到容器的South区域
    f.add ("East", new Button ("East"));
    //第一个参数表示把按钮添加到容器的East区域
```

```
        f.add ("West", new Button ("West"));
        //第一个参数表示把按钮添加到容器的 West 区域
        f.add ("Center", new Button ("Center"));
        //第一个参数表示把按钮添加到容器的 Center 区域
        f.setSize (200, 200);
        f.setVisible (true);
    }
}
```

运行结果如图 7—7 所示。

示例的第 8 行设置 Frame 的布局管理器为 BorderLayout，控件按照东、西、南、北、中放置。

水平拉长可以看到：南、北、中控件大小会有变化，东、西控件大小不变化。水平拉长后的 BorderLayout 布局如图 7—8 所示。

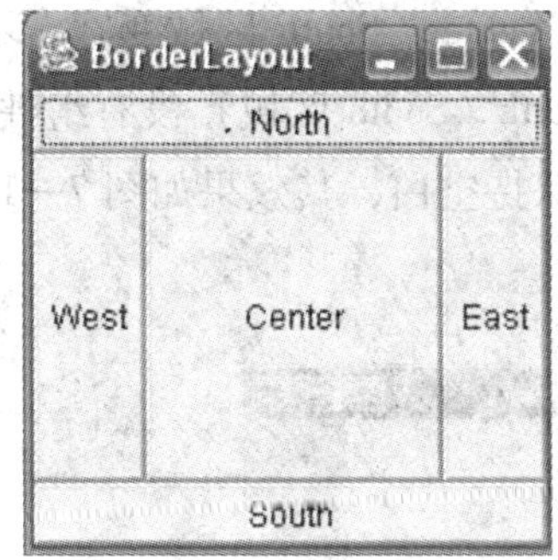

图 7—7　运行结果

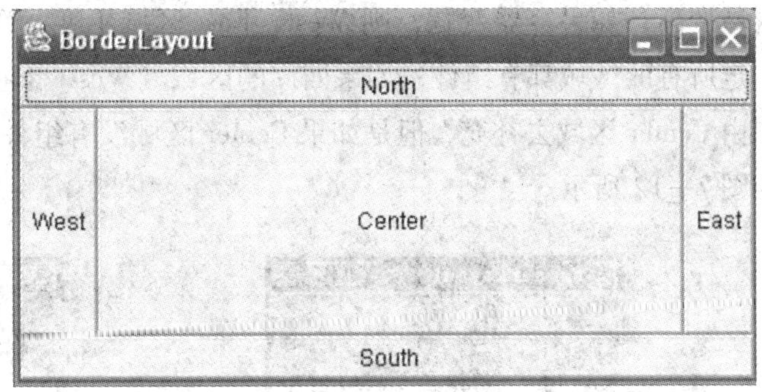

图 7—8　BorderLayout 布局

上下拉高可以看到：东、西、中控件大小会有变化，南、北控件大小不变化。上下拉高后的 BorderLayout 布局如图 7—9 所示。

BorderLayout 是 Window，Frame 和 Dialog 的默认布局管理器。BorderLayout 布局管理器把容器分成 5 个区域，每个区域只能放置一个组件。各个区域的位置及大小如图 7—10 所示。

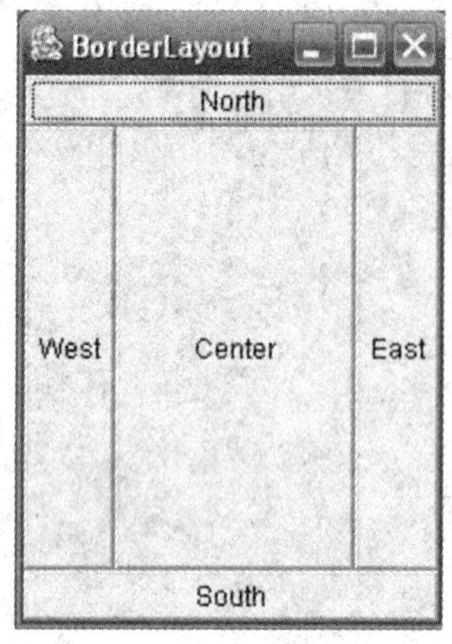

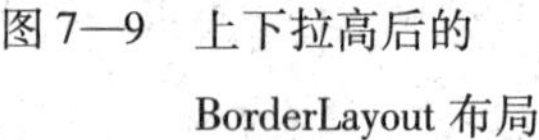
图 7—9　上下拉高后的 BorderLayout 布局

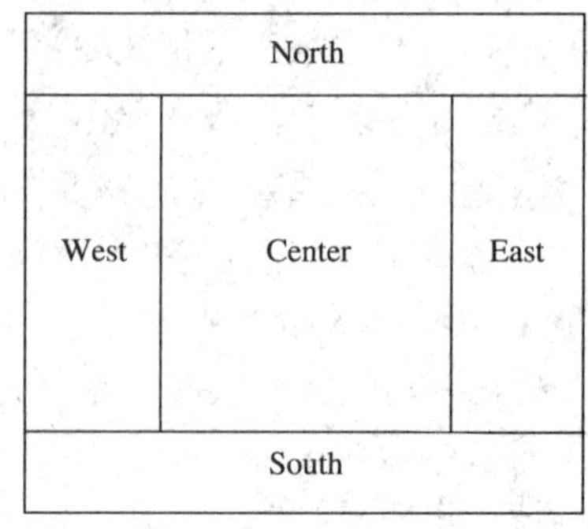

图 7—10　BorderLayout 布局的分布情况

在使用 BorderLayout 的时候，如果容器的大小发生变化，其变化规律为：组件的相对位置不变，大小发生变化。例如容器变高，则 North、South 区域不变，West、Center、East 区域变高；如果容器变宽，则 West、East 区域不变，North、Center、South 区域变宽。不一定所有的区域都有组件，如果四周的区域（West、East、North、South 区域）没有组件，则由 Center 区域去补充，但是如果 Center 区域没有组件，则保持空白，其效果如图 7—11 和图 7—12 所示。

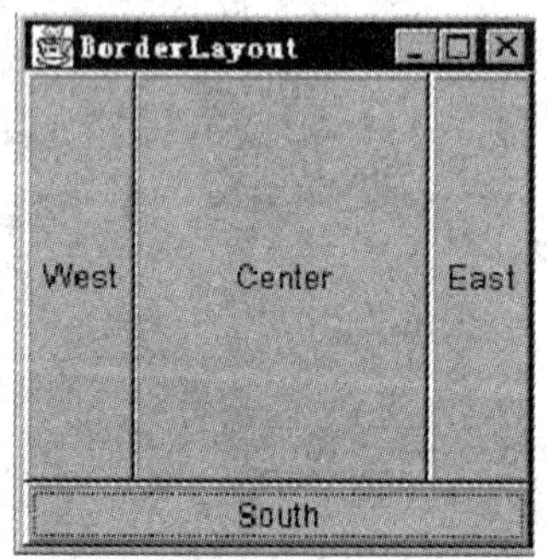

图 7—11　BorderLayout 布局——North 区域缺少组件

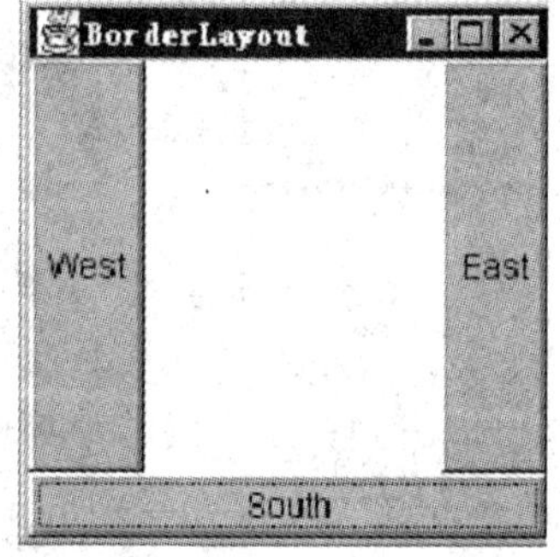

图 7—12　BorderLayout 布局——North 和 Center 区域缺少组件

3. GridLayout

网格布局将容器空间划分为 n × m 的大小相同的小格，每格区间可摆放一个组件。向容器中增加组件时，按从左至右，从上至下的顺序依次存放。

GridLayout 的示例如下：

```
import java.awt.Button;
import java.awt.Frame;
import java.awt.GridLayout;


public class GridLayoutSample {
    public static void main  (String args[]){
        Frame f = new Frame  ("GridLayout");


        //3 行 2 列的 GridLayout 布局管理器
        f.setLayout  (new GridLayout  (3, 2));
        //容器平均分成 3 行 2 列共 6 格
        f.add  (new Button  ("1")); //添加到第一行的第一格
        f.add  (new Button  ("2")); //添加到第一行的下一格
        f.add  (new Button  ("3")); //添加到第二行的第一格
        f.add  (new Button  ("4")); //添加到第二行的下一格
        f.add  (new Button  ("5")); //添加到第三行的第一格
        f.add  (new Button  ("6")); //添加到第三行的下一格
        f.setSize  (200, 200);
        f.setVisible  (true);
    }
}
```

运行结果如图 7—13 所示。

示例中 f. setLayout（new GridLayout（3，2））；为 Frame 设置的一个 3 行 2 列的 GridLayout 布局管理器。

容器平均分成3行2列共6格，控件按照先后顺序先第一行从左到右，再第二行从左到右，直到最后一行。

容器被分成6个格，但若添加的控件不足6个，则情况比较复杂：

缺少一个控件时的GridLayout布局如图7—14所示。

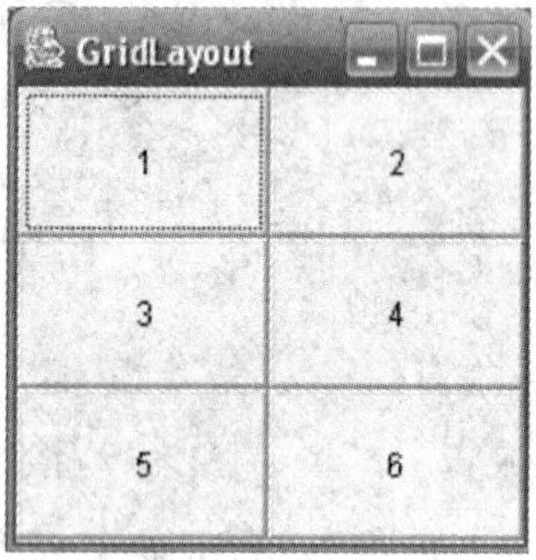

图7—13　运行结果

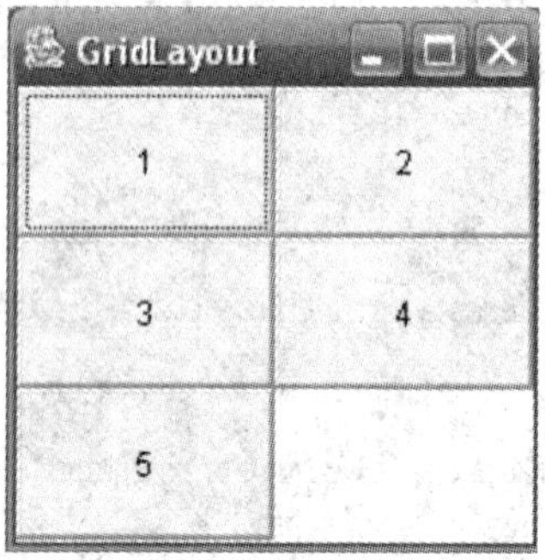

图7—14　缺少一个控件时的GridLayout布局

缺少两个控件时的GridLayout布局如图7—15所示。

缺少三个控件时的GridLayout布局如图7—16所示。

缺少四个控件时的GridLayout布局如图7—17所示。

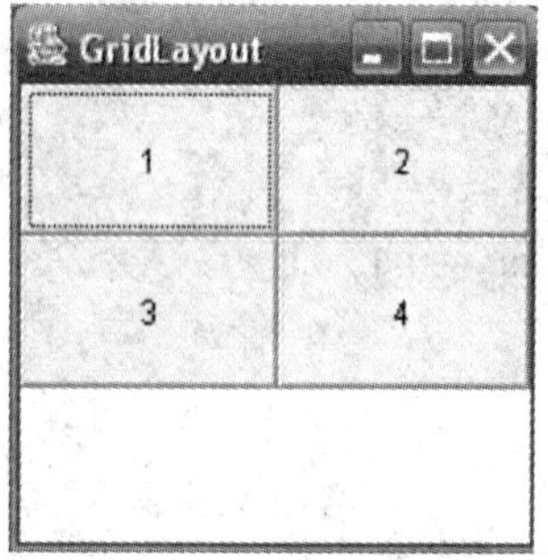

图7—15　缺少两个控件时的GridLayout布局

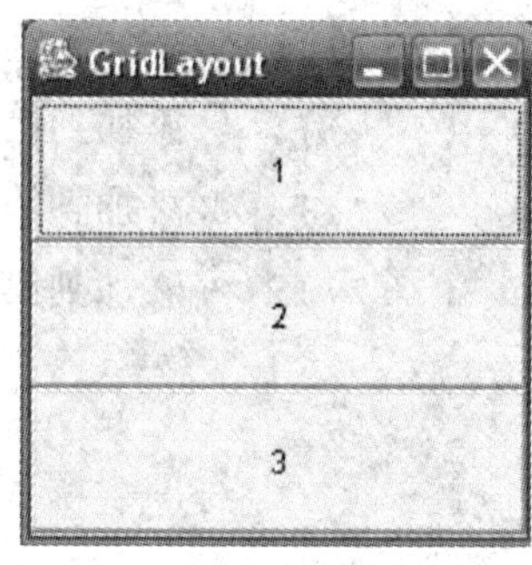

图7—16　缺少三个控件时的GridLayout布局

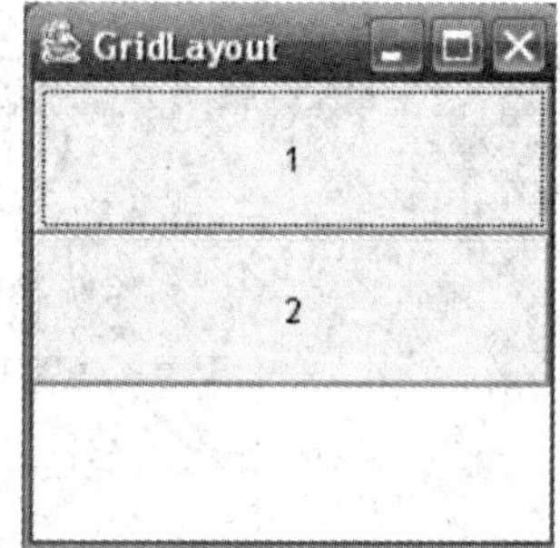

图7—17　缺少四个控件时的GridLayout布局

它们还会根据布局管理器行列划分的不同，有更加复杂的情况。

划分原则是容器中各个组件呈网格状布局，平均占据容器的空间。

4. 容器的嵌套

示例如下：

```
import java.awt.Button;
import java.awt.Frame;
import java.awt.Panel;

public class ExGui3 {

    private Frame f;

    private Panel p;

    private Button bw, bc;

    private Button bfile, bhelp;

    public static void main (String args[]){
        ExGui3 gui = new ExGui3 ();
        gui.go ();
    }

    public void go (){
        f = new Frame ("GUI example 3");
        bw = new Button ("West");
        bc = new Button ("Work space region");
        f.add (bw, "West");
        f.add (bc, "Center");
        p = new Panel ();
        f.add (p, "North");
        bfile = new Button ("File");
        bhelp = new Button ("Help");
```

```
        p.add (bfile);
        p.add (bhelp);
        f.pack ();
        f.setVisible (true);
    }
}
```

运行结果如图 7—18 所示。

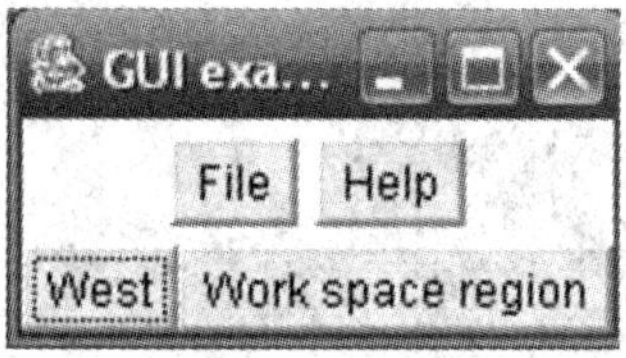

本示例中在 Frame 第 24 行和第 25 行各放入了一个按钮，第 27 行放入了一个 Panel，又在 Panel 中放入了两个按钮（见第 30 行和第 31 行）。这就是布局管理器的嵌套，它可以构建更复杂的页面布局。

图 7—18　运行结果

在复杂的图形用户界面设计中，为了使布局更加易于管理，具有简洁的整体风格，一个包含了多个组件的容器本身也可以作为一个组件加到另一个容器中去，容器中再添加容器，这样就形成了容器的嵌套。

第 2 节　AWT 事件处理模型

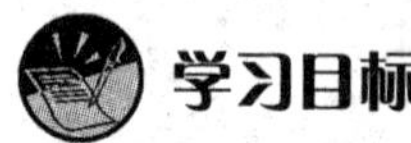

学习目标

➢熟悉 AWT 事件及其相应的监听器接口
➢熟悉事件适配器
➢掌握 AWT 组件库

上一节中的主要内容是如何放置各种组件，使图形界面更加丰富多彩，但是还不能响应用户的任何操作，要能够让图形界面接收用户的操作，就必须给各个组件加上事件处理机制。在事件处理的过程中，主要涉及三类对象：

第一，Event—事件，用户对界面操作在 Java 语言上的描述，以类的形式出现，例如键盘操作对应的事件类是 KeyEvent。

第二，Event Source—事件源，事件发生的场所，通常就是各个组件，例如按钮 Button。

第三，Event handler—事件处理者，接收事件对象并对其进行处理的对象。

一、AWT 事件及其相应的监听器接口

事件处理模型的应用如下：

```
import java.awt.Frame;
import java.awt.Label;
import java.awt.TextField;
import java.awt.event.MouseEvent;
import java.awt.event.MouseListener;
import java.awt.event.MouseMotionListener;
import java.awt.event.WindowEvent;
import java.awt.event.WindowListener;


public class ThreeListener implements MouseMotionListener, MouseL-
istener, WindowListener {
    //实现了三个接口
    private Frame f;


    private TextField tf;


    public static void main (String args[]){
        ThreeListener two = new ThreeListener ();
        two.go ();
    }
```

```
public void go (){
    f = new Frame ("Three listeners example");
    f.add (new Label ("Click and drag the mouse"), "North");
    tf = new TextField (30);
    f.add (tf, "South"); //使用默认的布局管理器
    f.addMouseMotionListener (this); //注册监听器 MouseMotion-
    Listener
    f.addMouseListener (this); //注册监听器 MouseListener
    f.addWindowListener (this); //注册监听器 WindowListener
    f.setSize (300,200);
    f.setVisible (true);
}

public void mouseDragged (MouseEvent e){
    //实现 mouseDragged 方法
    String s = "Mouse dragging: X = " + e.getX () + "Y = " + e.getY ();
    tf.setText (s);
}

public void mouseMoved (MouseEvent e){
}

//对其不感兴趣的方法可以让方法体为空
public void mouseClicked (MouseEvent e){
}

public void mouseEntered (MouseEvent e){
    String s = "The mouse entered";
    tf.setText (s);
}
```

```
public void mouseExited  (MouseEvent e){
    String s = "The mouse has left the building";
    tf.setText  (s);
}

publicvoid mousePressed  (MouseEvent e){
}

public void mouseReleased  (MouseEvent e){
}

public void windowClosing  (WindowEvent e){
    //为了使窗口能正常关闭,程序正常退出,需要实现 windowClosing 方法
    System.exit  (1);
}

public void windowOpened  (WindowEvent e){
}

//对其不感兴趣的方法可以让方法体为空
public void windowIconified  (WindowEvent e){
}

public void windowDeiconified  (WindowEvent e){
}

public void windowClosed  (WindowEvent e){
}

public void windowActivated  (WindowEvent e){
```

```
    }

    public void windowDeactivated (WindowEvent e){
    }

}
```

运行结果如图7—19所示。

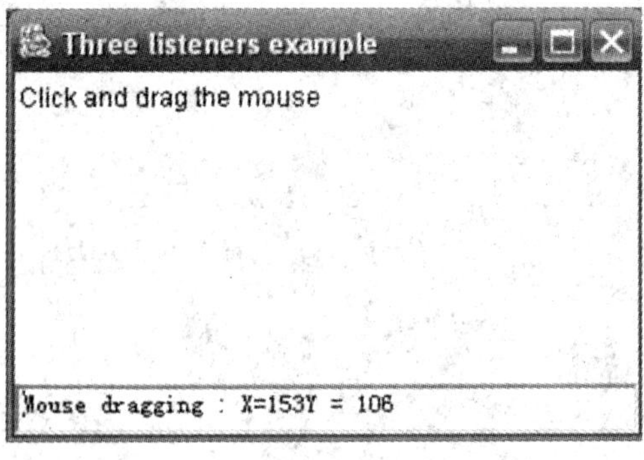

图7—19　运行结果

这个窗口跟以前的例子不同，它可以捕捉鼠标事件。

这里的Event—事件是mouseDragged，mouseEntered，mouseExited和windowClosing。Event Source—事件源是Frame。Event handler—事件处理者是ThreeListener这个类本身，因为这个类实现了MouseMotionListener，MouseListener，WindowListener接口。

上例中有如下几个特点：

1. 可以声明多个接口，接口之间用逗号隔开。

……implements MouseMotionListener，MouseListener，WindowListener；

2. 可以由同一个对象监听一个事件源上发生的多种事件：

f. addMouseMotionListener (this)；

f. addMouseListener (this)；

f. addWindowListener (this)；

则对象f上发生的多个事件都将被同一个监听器接收和处理。

3. 事件处理者和事件源处在同一个类中。本例中事件源是Frame f，事件处理者是类ThreeListener，其中事件源Frame f是类ThreeListener的成员变量。

4. 可以通过事件对象获得详细资料，比如本例中就通过事件对象获得了鼠标发生时的坐标值。

public void mouseDragged (MouseEvent e){

```
    String s = "Mouse dragging :X = " + e.getX () + "Y = " + e.getY ();
    tf.setText (s);
}
```

Java 语言类的层次非常分明，因而只支持单继承，为了实现多重继承的能力，Java 用接口来实现，一个类可以实现多个接口，这种机制比多重继承具有更简单、灵活、强大的功能。在 AWT 中就经常声明和实现多个接口。无论实现了几个接口，接口中已定义的方法必须一一实现，如果对某事件不感兴趣，可以不具体实现其方法，而用空的方法体来代替。但必须将所有方法都写上。

二、事件适配器

示例如下：

```
import java.awt.Frame;
import java.awt.Label;
import java.awt.TextField;
import java.awt.event.MouseAdapter;
import java.awt.event.MouseEvent;

public class ThreeListener2 extends MouseAdapter {
    //实现了三个接口
    private Frame f;

    private TextField tf;

    public static void main (String args[]){
        ThreeListener2 two = new ThreeListener2 ();
        two.go ();
    }
```

```
    public void go  (){
        f = new Frame  ("Three listeners example");
        f.add  (new Label  ("Click and drag the mouse"), "North");
        tf = new TextField  (30);
        f.add  (tf, "South"); //使用默认的布局管理器
        f.addMouseListener  (this); //注册监听器 MouseListener
        f.setSize  (300, 200);
        f.setVisible  (true);
    }

    public void mouseEntered  (MouseEvent e){
        String s = "The mouse entered";
        tf.setText  (s);
    }

    public void mouseExited  (MouseEvent e){
        String s = "The mouse has left the building";
        tf.setText  (s);
    }

}
```

运行结果如图 7—20 所示。

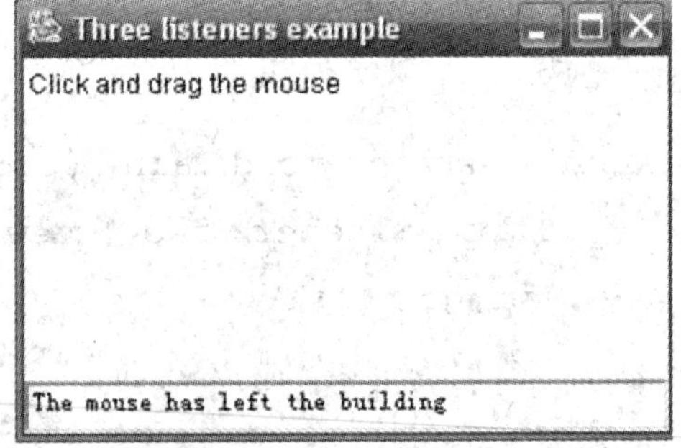

图 7—20　运行结果

这个示例可以捕捉鼠标事件，但只能捕捉鼠标的进入和离开，不能捕捉鼠标的拖动和关闭窗口事件。第 7 行这个类继承了 MouseAdapter，由于 Java 是单继承的，不能再继承其他的适配器类，但是还可以实现 MouseMotionListener 和 WindowListener 接口，像上一个示例那样实现这两个接口，才可以使这个示例具有鼠标的拖动和关闭窗口事件能力。

Java 语言为一些 Listener 接口提供了适配器（Adapter）类。可以通过继承事件所对应的 Adapter 类，重写需要方法，无关方法不用实现。事件适配器为编程者提供了一种简单的实现监听器的手段，可以缩短程序代码。但是，由于 Java 语言的单一继承机制，当需要多种监听器或此类已有父类时，就无法采用事件适配器了。

1. 事件适配器—EventAdapter

下例中采用了鼠标适配器：

```
    import java. awt. * ;
    import java. awt. event. * ;
    public class MouseClickHandler extends MouseAdapcr{
    public void mouscClicked  (MouseEvent e)//只实现需要的方法
    { ……}
}
```

java. awt. event 包中定义的事件适配器类包括以下几个：

（1）ComponentAdapter（ 组件适配器）。

（2）ContainerAdapter（ 容器适配器）。

（3）FocusAdapter（ 焦点适配器）。

（4）KeyAdapter（ 键盘适配器）。

（5）MouseAdapter（ 鼠标适配器）。

（6）MouseMotionAdapter（ 鼠标运动适配器）。

（7）WindowAdapter（ 窗口适配器）。

2. 用内部类实现事件处理

示例如下：

```
import java.awt.BorderLayout;
import java.awt.Frame;
import java.awt.Label;
import java.awt.TextField;
import java.awt.event.MouseEvent;
import java.awt.event.MouseMotionAdapter;
public class InnerClass {
```

```
private Frame f;

private TextField tf;

public InnerClass (){
    f = new Frame ("Inner classes example");
    tf = new TextField (30);
}

public void launchFrame (){
    Label label = new Label ("Click and drag the mouse");
    f.add (label, BorderLayout.NORTH);
    f.add (tf, BorderLayout.SOUTH);
    //参数为内部类对象
    f.addMouseMotionListener (new MyMouseMotionListener());
    f.setSize (300,200);
    f.setVisible (true);
}

class MyMouseMotionListener extends MouseMotionAdapter { /*内部
类开始 */
    public void mouseDragged (MouseEvent e){
      String s = "Mouse dragging:x = " +e.getX () + "Y = " +e.getY ();
      tf.setText (s);
    }
} //内部类结束

public static void main (String args[]){
    InnerClass obj = new InnerClass ();
```

```
        obj.launchFrame ();
    }

}
```

运行结果如图 7—21 所示。

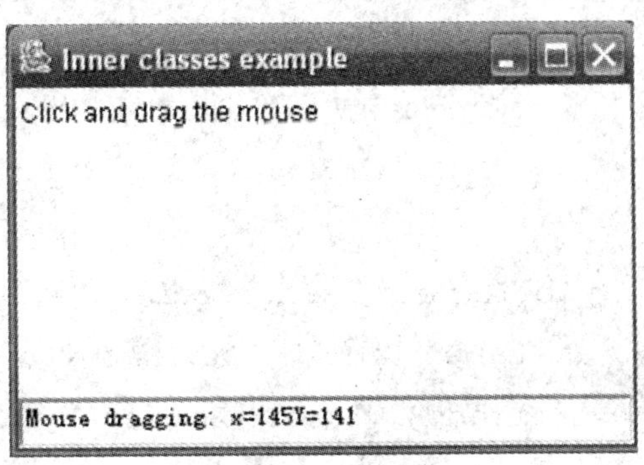

图 7—21　运行结果

在前两个示例中，都是用本身类实现×××Listener 或继承×××Adapter，从而使这个类成为一个事件处理者。在本例中借助内部类作为事件处理者，程序中定义的 My Mouse Motionlistener 就是一个内部类。

内部类（inner class）是被定义于另一个类中的类，使用内部类的主要原因如下：

（1）一个内部类的对象可访问外部类的成员方法和变量，包括私有的成员。

（2）实现事件监听器时，采用内部类、匿名类编程非常容易实现其功能。

（3）编写事件驱动程序，内部类很方便。

因此内部类所能够应用的地方往往是在 AWT 的事件处理机制中。

3. 匿名类（Anonymous Class）

示例如下：

```
import java.awt.BorderLayout;
import java.awt.Frame;
import java.awt.Label;
import java.awt.TextField;
import java.awt.event.MouseEvent;
import java.awt.event.MouseMotionAdapter;
```

```
public class AnonymousClass {
    private Frame f;

    private TextField tf;

    public AnonymousClass  (){
        f = new Frame  ("Inner classes example");
        tf = new TextField  (30);
    }

    public void launchFrame  (){
        Label label  = new Label  ("Click and drag the mouse");
        f.add  (label, BorderLayout.NORTH);
        f.add  (tf, BorderLayout.SOUTH);
        f.addMouseMotionListener  (new MouseMotionAdapter  (){//匿名类开始
                public void mouseDragged  (MouseEvent e){
                    String s = "Mouse dragging: x = " + e.getX  () + "Y = "
                               + e.getY  ();
    tf.setText  (s);
    }
            }); //匿名类结束
        f.setSize  (300, 200);
        f.setVisible  (true);
    }

    public static void main  (String args[]){
        AnonymousClass obj  = new AnonymousClass  ();
        obj.launchFrame  ();
    }
}
```

运行结果如图 7—22 所示。

在本例中借助匿名内部类作为事件处理者，近一步简化了代码。

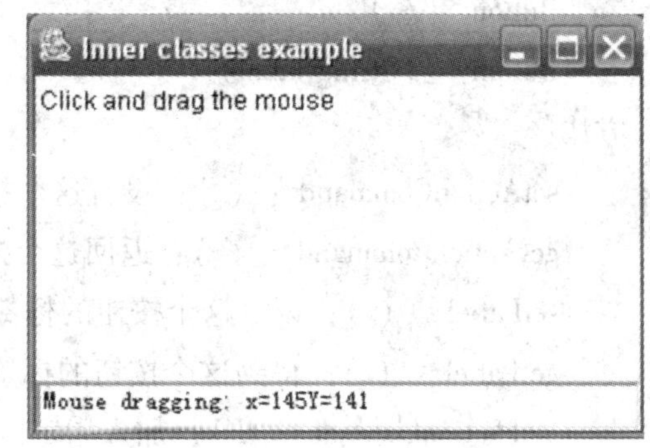

图 7—22　运行结果

当一个内部类的类声明只是在创建此类对象时用了一次，而且要产生的新类需继承于一个已有的父类或实现一个接口，才能考虑用匿名类，由于匿名类本身无名，因此它也就不存在构造方法，它需要显式地调用一个无参的父类的构造方法，并且重写父类的方法。所谓的匿名就是该类连名字都没有，只是显式地调用一个无参的父类的构造方法。

其实仔细分析一下，上述两个示例实现的都是完全一样的功能，只不过采取的方式不同。第一个示例中的事件处理类是一个内部类，而第二个示例的事件处理类是匿名类，可以说从类的关系来说是越来越不清楚，但是程序却越来越简练。熟悉这两种方式十分有助于编写图形界面的程序。

三、AWT 组件库

本节从应用的角度进一步介绍 AWT 的一些组件，目的是使学生加深对 AWT 的理解，掌握如何用各种组件构造图形化用户界面，学会控制组件的颜色和字体。下面是一些常用的组件的介绍：标签（Label）、按钮（Button）、文本框（TextField）、文本区域（TextArea）、单（复）选框按钮、列表，以及这些控件的相应的常用事件。

1. 标签（Label）

标签用以在屏幕上显示文本，无直接的交互动作。

构造函数：

Label　（ ）

Label　（String text）

Label　（String text，int alignment）

方法：

setText　（ ）：设置标签的文本为指定内容；

getText　（ ）：得到标签的文本内容；

2. 按钮（Button）

当单击时产生一个动作 action。

构造函数：

Button （）

Button （String label）

方法：

setActionCommand （）：设置这个按钮触发的动作事件的命令名称；

getActionCommand （）：返回这个按钮触发的动作事件的命令名称；

setLabel （）：设定这个按钮的标签；

getLabel （）：得到这个按钮的标签；

addActionListener （）：加入指定的动作监听器接收按钮动作事件；

removeActionListener （）：移除指定的动作监听器，使按钮不再接收动作事件；

getActionListeners （）：返回所有登记的动作侦听器的数组。

3．文本框（Textfield）

文本框提供一单行可供编辑的文本区域。

构造方法：

Textfield （）

Textfield （int columns）

Textfield （String text，int columns）

4．文本区（TextArea）

文本区提供多行多列的可编辑文本区，文本区将显示水平和垂直的滚动条。

构造方法：

TextArea （）

TextArea （int rows，int cols）

TextArea （String text）

TextArea （String text，int rows，int cols）

TextArea （String text，int rows，int cols，int scrollbars）

5．复选框（Checkbox）

单独使用，显示一选中或不选中的复选框，作为复选框组的成员，它的表现和单选按钮相同。

构造函数：

checkbox （）

checkbox （String label）

checkbox　（String label，boolean state）

checkbox　（String label，boolea state，CheckboxGroup group）

checkbox　（String label，CheckboxGroup，boolean state）

方法：

addItemListener　（）：加入指定项目监听器接收复选框项目事件；

removeItemListener　（）：移除指定的项目监听器，使复选框不再接收复选框事件；

setState　（）：将复选框设定为指定状态；

getState　（）：判断复选框处于“开”或“关”状态；

setLabel　（）：设置复选框标签；

getLabel　（）：得到复选框标签。

CheckboxGroup 的方法：

getSelectedCheckbox　（）：从复选框组中得到当前选择；

setSelectedCheckbox　（）：设置复选框组中指定复选框为选中。

6. 列表（List）

在屏幕上显示一组文本选项，允许用户单选或多选。

构造方法：

List　（）

List　（int rows）

List　（int rows，boolean multipleModel）

7. 组件公有方法

setForeground　（）：设置前景颜色

getForeground　（）：取得前景颜色

setEnabled　（）：使组件有效

setVisible　（）：使组件可视

setFont　（）：设置组件字体

setSize　（）：设置组件大小

getPreferredSize　（）：取得默认的尺寸

getLocation　（）：获得组件位置

paint　（）：绘制组件

update　（）：更新

getBounds　（）：返回这个组件的范围（位置和尺寸）

setBackground　（ ）：设置背景颜色

setBackground　（ ）：取得背景颜色

getEnabled　（ ）：取得组件有效的状态

getVisible　（ ）：取得组件可视状态

getFont　（ ）：取得组件字体

getSize　（ ）：取得组件大小

setLocation　（ ）：设置组件位置

setBounds　（ ）：移动并且重新调整尺寸

repain　（ ）：重绘

第 3 节　Java Applet

➢了解 Java Applet 的相关知识

前面的章节已阐述了 Application 的应用，这一讲将介绍 Java 的另一类应用 Java Applet，即小应用程序。

在 Java 问世的开始几年里，之所以如此热门，其根本原因还是在于 Java 具有“让 Internet 动起来”的能力。具体地说，就是 Java 能创建一种特殊类型的程序（通常称为小应用程序或者 Applet），具备 Java 能力的 Web 浏览器可从网上下载这种程序，然后运行。

目前，几乎所有浏览器均支持动态 HTML（DHTML）和脚本编制（支持 XML 的浏览器也有很多），所以比起 Java 刚刚问世的时候，浏览器能够做的事情要多得多。尽管如此，由于小应用程序是用一种全功能的程序设计语言编制的，所以同 HTML、XML 和脚本语言的任何一种可能的组合相比，它仍然具有应用前景。

Applet 示例：

HelHelloWorld. java 代码

```
import java.applet.Applet;
import java.awt.Graphics;

    public class HelloWorld extends Applet {
    String hwtext;

    public void init  (){ //init  ()方法是 Applet 首先执行的方法
        hwtext = "Hello World";
    }

    public void paint  (Graphics g){
        g.drawString  (hwtext, 25, 25);
        //在坐标为(25, 25)的地方显示字符串 hw_text

    }
}
```

HelloWorld. html 代码：

```
<HTML>
<APPLET CODE = "HelloWorld.class" WIDTH =200 HEIGHT =100
</APPLET>
</HTML>
```

Applet 可以用 JDK 中 appletviewer 指令运行，但这是测试运行，实际应用一般是嵌入到 HTML 中运行的，Applet 程序编写完后，首先要用 Java 编译器编译成字节码文件，然后编写相应的 HTML 文件才能够正常执行，例如为运行上面的 Applet 程序所编写的 HTML 文件 HelloWorld. html。

appletviewer 指令运行结果如图 7—23 所示。

HTML 中的运行结果如图 7—24 所示。

这个示例在 Applet 中打印出 Hello World 字符串。

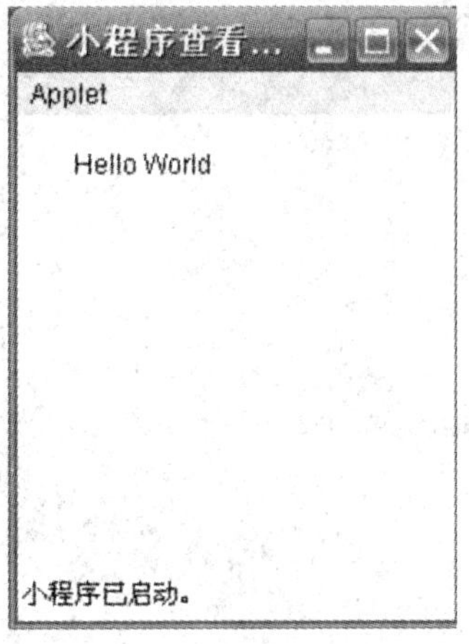

图 7—23　appletviewer 指令运行结果

图 7—24　HTML 中的运行结果

Applet 就是使用 Java 语言编写的一段代码，它可以在浏览器环境中运行。它与 Application 的区别主要在于其执行方式的不同。Application 是从其中的 main（）方法开始运行的，而 Applet 是在浏览器中运行的，必须创建一个 HTML 文件，通过编写 HTML 语言代码告诉浏览器载入何种 Applet 以及如何运行。

第 4 节　Swing 基础

学习目标

➢熟悉 Swing 的类层次结构

➢掌握 Swing 组件的多样化

➢掌握程序结构

一、Swing 简介

AWT 设计的初衷是支持开发小应用程序的简单用户界面。例如 AWT 缺少剪贴板、打印支持、键盘导航等特性，而且原来的 AWT 甚至不包括弹出式菜单或滚动窗格等基本元素。此外 AWT 还存在严重的缺陷，人们使 AWT 适应基于继承的、具有很大伸缩性的事件模型，基于同位体的体系结构也成为其致命的弱点。

随着发展的需要，Swing 出现了。Swing 产生的主要原因就是 AWT 不能满足图形化用户界面发展的需要，AWT 是 Swing 的基础。Swing 组件几乎都是轻量组件，与重量组件相比，没有本地的对等组件，不像重量组件要在它们自己的本地不透明窗体中绘制，轻量组件在它们的重量组件的窗口中绘制。

Swing 是由 100% 纯 Java 实现的，Swing 组件是用 Java 实现的轻量（light - weight）组件，没有本地代码，不依赖操作系统的支持，这是它与 AWT 组件的最大区别。由于 AWT 组件通过与具体平台相关的对等类（Peer）实现，因此 Swing 比 AWT 组件具有更强的实用性。Swing 在不同的平台上表现一致，并且有能力提供本地窗口系统不支持的其他特性。

Swing 采用了一种 MVC 的设计范式，即"模型—视图—控制"（Model - View - Controller），其中模型用来保存内容，视图用来显示内容，控制器用来控制用户输入。Swing 外观感觉采用可插入的外观感觉（Pluggable Look and Feel，PL&F）。

在 AWT 组件中，由于控制组件外观的对等类与具体平台相关，使得 AWT 组件总是只有与本机相关的外观。Swing 使得程序在一个平台上运行时能够有不同的外观。用户可以选择自己习惯的外观，在同一个操作系统下可以得到不同的外观。

引入 Swing 包后，可以选择的界面风格有 Metal，Motif 和 Windows 三种。Metal 风格如图 7—25 所示。

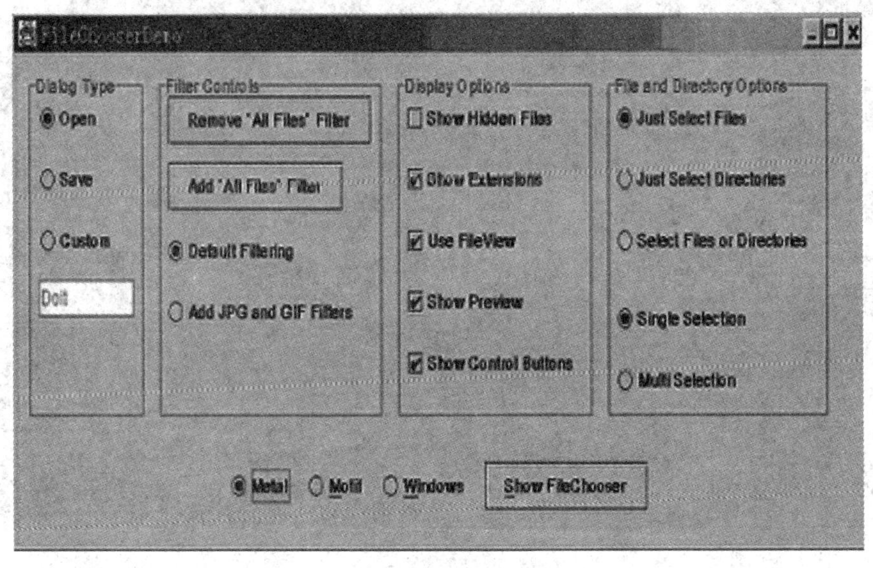

图 7—25　Metal 风格

Motif 风格如图 7—26 所示。

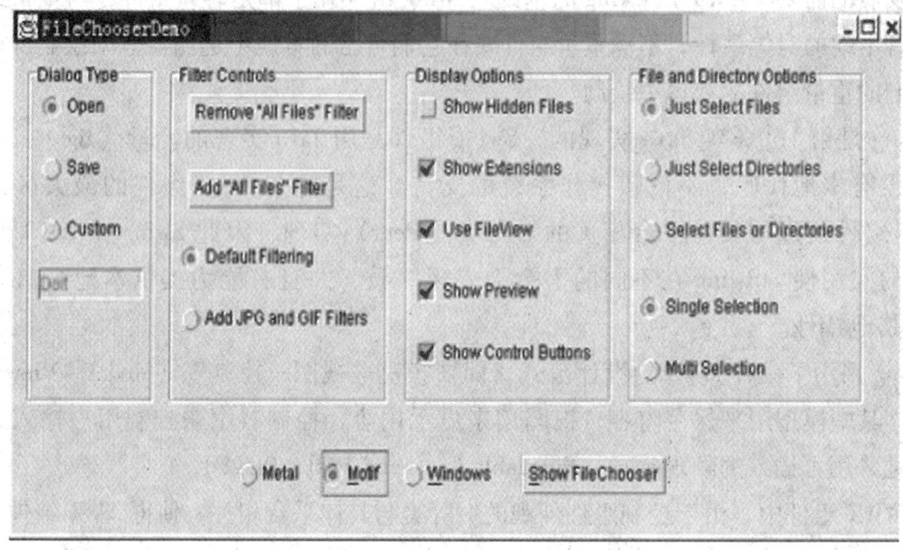

图 7—26　Motif 风格

Windows 风格如图 7—27 所示。

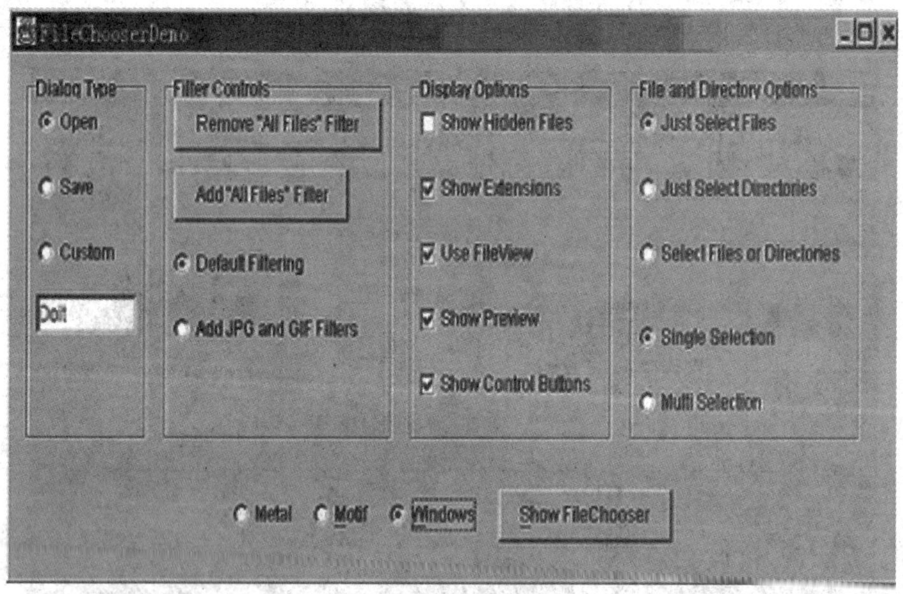

图 7—27　Windows 风格

一个应用系统中的外观风格示例如下：

```
import Javax.swing.UIManager;
import Javax.swing.UnsupportedLookAndFeelException;

import com.book.ui.LoginForm;
import com.book.util.DBManager;
public class MainApp {
    public static final int EDIT_FROM_ADD = 0;
    public static final int EDIT_FROM_MOD = 1;
    public static void main (String[] args){
        //设定页面显示风格
        try {
            //Windows 风格
    // UIManager. setLookAndFeel ( " com. sun. java. swing. plaf. win-
dows.WindowsLookAndFeel");
            //Metal 风格
        //UIManager.setLookAndFeel ("Javax.swing.plaf.metal.Metal-
LookAndFeel");
            //Motif 风格
UIManager.setLookAndFeel ("com. sun. java. swing. plaf. motif. Moti-
fLookAndFeel");
        } catch (ClassNotFoundException e){
            e.printStackTrace ();
        } catch (InstantiationException e){
            e.printStackTrace ();
        } catch (IllegalAccessException e){
            e.printStackTrace ();
        } catch (UnsupportedLookAndFeelException e){
            e.printStackTrace ();
        }
        //加载数据库
```

```
    DBManager.load ();
  LoginForm form = new LoginForm ();
    form.setVisible (true);
  }
}
```

三种风格的设定见示例中相关注释处。

Metal 风格的登录页面如图 7—28 所示。

Motif 风格的登录页面如图 7—29 所示。

Windows 风格的登录页面如图 7—30 所示。

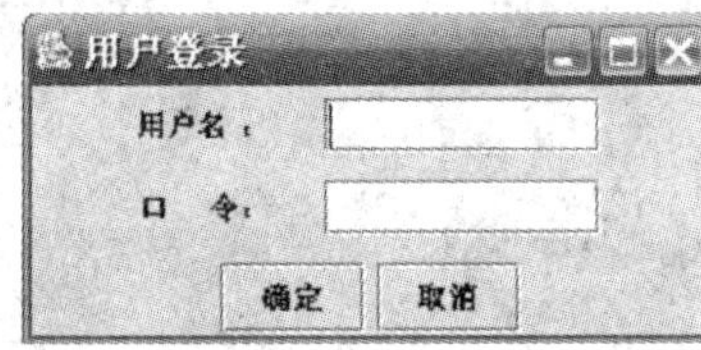

图 7—28　Metal 风格的登录页面

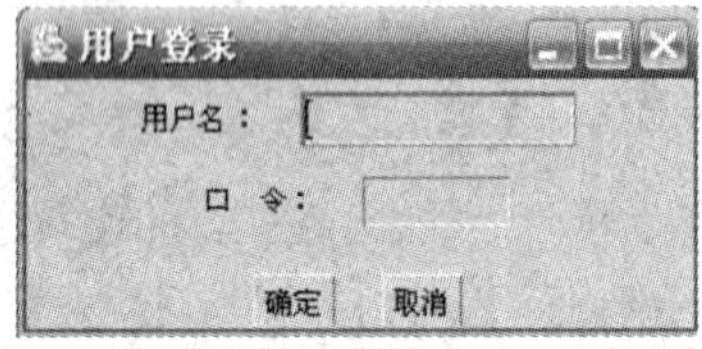

图 7—29　Motif 风格的登录页面

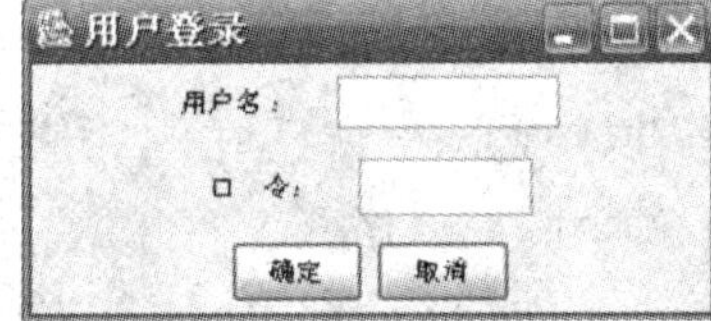

图 7—30　Windows 风格的登录页面

这只是登录页面，当然，所有页面的风格都会变化。

二、Swing 的类层次结构

在 Javax. swing 包中定义了两种类型的组件：顶层容器（JFrame，JApplet，JDialog 和 JWindow）和轻量组件。Swing 组件都是 AWT 的 Container 类的直接子类和间接子类。

java. awt. Component

- java. awt. Container

  - java. awt. Window

    - java. awt. Frame – Javax. swing. JFrame

    - Javax. Dialog – Javax. swing. JDialog

    - Javax. swing. JWindow

- java. awt. Applet - Javax. swing. JApplet
  - Javax. swing. Box
- Javax. swing. Jcomponet

三、Swing 组件的多样化

Swing 是 AWT 的扩展，它提供了许多新的图形界面组件。Swing 组件以“J”开头，除了有与 AWT 类似的按钮（JButton）、标签（JLabel）、复选框（JCheckBox）、菜单（JMenu）等基本组件外，还增加了一个丰富的高层组件集合，如表格（JTable）、树（JTree）。

四、使用图标（Icon）

与 AWT 的部件不同，许多 Swing 组件如按钮、标签，除了使用文字外，还可以使用图标修饰自己。

一个 Frame 中示例的代码如下：

```
import java.awt.BorderLayout;
import java.awt.Color;

import Javax.swing.JPanel;
import Javax.swing.JFrame;
import Javax.swing.JLabel;
import Javax.swing.ImageIcon;

   public class HelpForm extends JFrame {

   private JPanel jContentPane = null;
   private JLabel jLabel = null;

   public HelpForm  (){
     super  ();
     initialize  ();
   }
   private void initialize  (){
```

```
    this.setSize (400,400);
    this.setLocation (150,150);
    this.setBackground (Color.WHITE);
    this.setContentPane (getJContentPane ());
    this.setTitle ("Help");
  }
  private JPanel getJContentPane (){
    if (jContentPane == null){
      jLabel = new JLabel ();
      jLabel.setText ("图书管理软件");
      jLabel.setIcon (new ImageIcon (getClass ().getResource
      ("/gif_welcome13[1].gif")));
      jContentPane = new JPanel ();
      jContentPane.setLayout (new BorderLayout ());
      jContentPane.add (jLabel, java.awt.BorderLayout.CENTER);
    }
    return jContentPane;
    }
```

在这个 Form 运行的结果中，WELCOME 就是一个图片，运行结果如图 7—31 所示。

图 7—31　运行结果

五、Swing 程序结构简介

一个 Swing 的 Application 示例如下：

```
import java.awt.BorderLayout;
import java.awt.Component;
import java.awt.GridLayout;
import java.awt.event.ActionEvent;
import java.awt.event.ActionListener;
import java.awt.event.KeyEvent;
import java.awt.event.WindowAdapter;
import java.awt.event.WindowEvent;

import Javax.swing.BorderFactory;
import Javax.swing.JButton;
import Javax.swing.JFrame;
import Javax.swing.JLabel;
import Javax.swing.JPanel;
import Javax.swing.UIManager;

public class SwingApplication {

  private static String labelPrefix = "Number of button clicks: ";

  private int numClicks = 0; //计数器,计算单击次数

  public Component createComponents (){
   final JLabel label = new JLabel (labelPrefix + "0 ");

     JButton button = new JButton ("I'm a Swing button!");
     button.setMnemonic (KeyEvent.VK_I); //设置按钮的热键为'I'
     button.addActionListener (new ActionListener (){
```

```
    public void actionPerformed (ActionEvent e){
        numClicks++;
        label.setText (labelPrefix + numClicks);
        //显示按钮被单击的次数
      }
    }
    //label.setLabelFor (button);
/*在顶层容器及其内容之间放置空间的常用办法是把内容添加到 Jpanel 上,而 Jpan-
el 本身没有边框。*/

    JPanel pane = new JPanel ();
    pane.setBorder (BorderFactory.createEmptyBorder (30, //top
        30, //left
        10, //bottom
        30)//right
        );
    pane.setLayout (new GridLayout (0,1)); //单列多行
    pane.add (button);
    pane.add (label);
    return pane;
  }

  public static void main (String[] args){
    try {
      //设置窗口风格
      UIManager
        .setLookAndFeel
("com.sun.java.swing.plaf.motif.MotifLookAndFeel");
    } catch (Exception e){
    }

    //创建顶层容器并添加内容
```

```
        JFrame frame = new JFrame ("SwingApplication");
        SwingApplication app = new SwingApplication ();
        Component contents = app.createComponents ();
        frame.getContentPane ().add (contents, BorderLayout.CENTER);

        //窗口设置结束,开始显示
        frame.addWindowListener (new WindowAdapter (){
            //匿名类用于注册监听器
            public void windowClosing (WindowEvent e){
              System.exit (0);
            }
          }
          frame.pack ();
          frame.setVisible (true);
    }
}
```

运行结果如图 7—32 所示。

Swing 的程序设计一般可按照下列流程进行：

1. 引入 Swing 包

2. 选择“外观和感觉”

3. 设置顶层容器

注意：Swing 不可以直接将控件放到 JFrame，而是放到 JFrame 中一个 ContentPane 容器中。

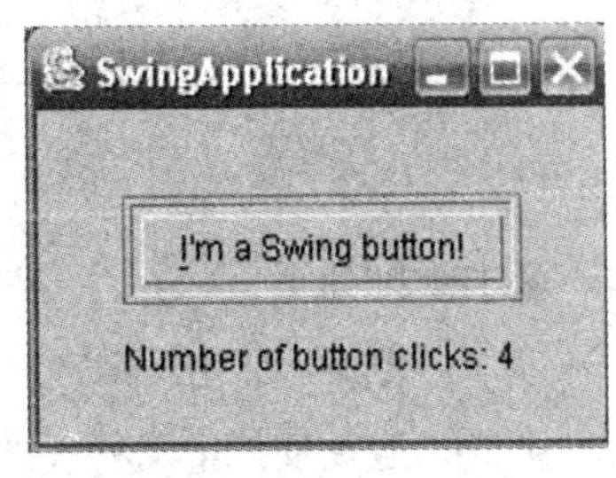

图 7—32　运行结果

4. 设置按钮和标签

5. 向容器中添加组件

6. 在组件周围添加边界

7. 进行事件处理

示例说明了 Swing 中程序设计的结构以及最基本的组件 Button 和 Label 的用法。在程序中建立一个 Swing 风格的窗口，并在其中添加一个按钮，程序中保存一个计数器以计算按钮被单击的次数，并在每一次单击之后用一个 Label 显示。在这个程序中可以看到 Swing

组件的使用与 AWT 组件的使用基本方法一致，使用的事件处理机制也完全相同。这些在前面的 AWT 中已经讲过，不再赘述。

第 5 节　Swing 容器和组件

一、Swing 容器

与 AWT 组件不同，Swing 组件不能直接添加到顶层容器中，它必须添加到一个与 Swing 顶层容器相关联的内容面板（content pane）上。内容面板是顶层容器包含的一个普通容器，它是一个轻量组件。Swing 组件的组成如图 7—33 所示。

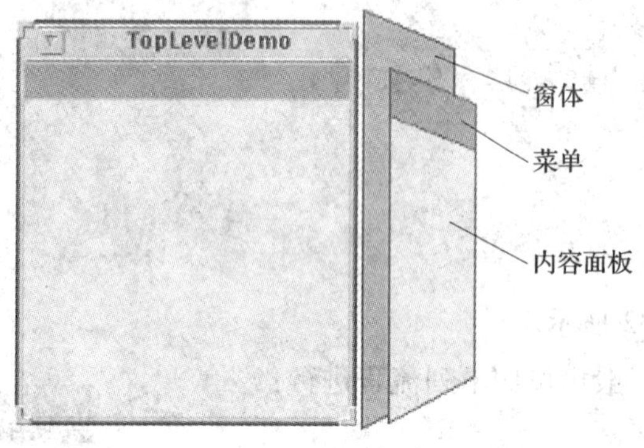

图 7—33　Swing 组件的组成

基本规则如下：

第一，把 Swing 组件放入一个顶层 Swing 容器的内容面板上。

第二，避免使用非 Swing 的重量组件。

对 JFrame 添加组件有两种方式：

第一，用 getContentPane（）方法获得 JFrame 的内容面板，再对其加入组件：frame. getContentPane（）. add（childComponent）

第二，建立一个 Jpanel 或 JDesktopPane 之类的中间容器，把组件添加到容器中，用 setContentPane（）方法把该容器置为 JFrame 的内容面板：

JPanel contentPane = new JPanel（）；

……//把其他组件添加到 JPanel 中；

frame. setContentPane (contentPane);

//把 contentPane 对象设置成为 frame 的内容面板。

示例如下:

```
private void initialize (){
  this.setSize (400,400);
  this.setLocation (150,150);
  this.setBackground (Color.WHITE);
  this.setContentPane (getJContentPane ());
  this.setTitle ("Help");
}

private JPanel getJContentPane (){
  if (jContentPane = = null){
    jLabel = new JLabel ();
    jLabel.setText ("图书管理软件");
    jLabel.setIcon (new ImageIcon(getClass ().getResource("/gif_welcome13[1].gif")));
    jContentPane = new JPanel ();
    jContentPane.setLayout (new BorderLayout ());
    jContentPane.add (jLabel, java.awt.BorderLayout.CENTER);
  }
  return jContentPane;
}
```

示例中的第 1 ~7 行就是自定义了一个内容面板，这个内容面板是一个 JPanel，通过第 19 行的 getJContentPane 方法设置这个面板和控件的。

1. 面板（JPanel）

面板（JPanel）是一个轻量容器组件，用法与 Panel 相同，用于容纳界面元素，以便在布局管理器的设置下可容纳更多的组件，实现容器的嵌套。JPanel，JScrollPane，JSplitPane，JInternalFrame 都属于常用的中间容器，是轻量组件。JPanel 的默认布局管理器是 FlowLayout。

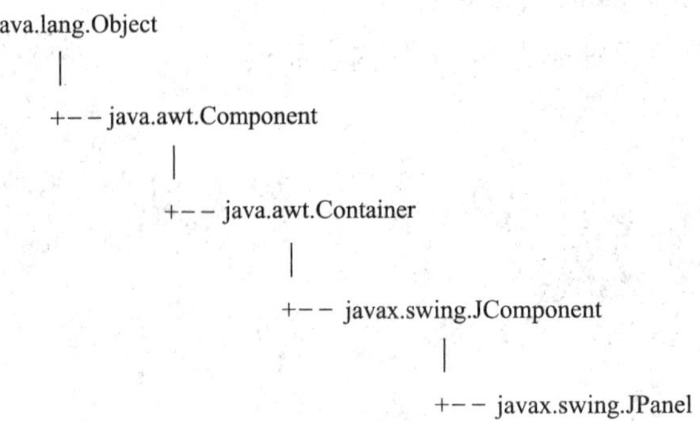

2. 滚动窗口（JScrollPane）

如下代码中使用了滚动窗口，效果如图 7—34 所示。

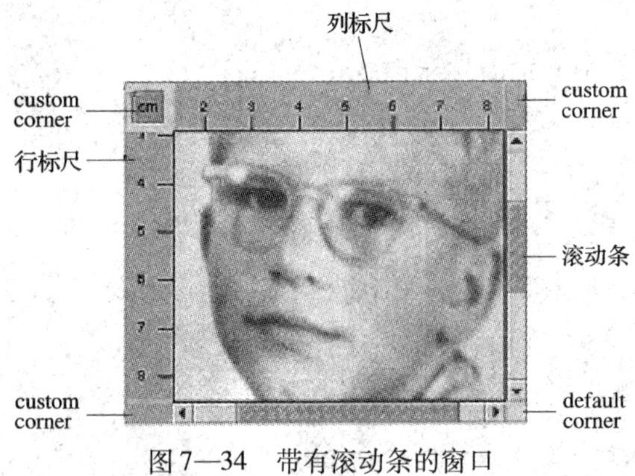

图 7—34　带有滚动条的窗口

```
private JScrollPane getJScrollPane (){
  if (jScrollPane = = null){
    jScrollPane = new JScrollPane ();
    jScrollPane.setViewportView (getJTable ());
  }
  return jScrollPane;
}
```

JScrollPane 是带滚动条的面板，如图 7—35 所示。主要是通过移动 JViewport（视口）来实现的。JViewport 是一种特殊的对象，用于查看基层组件，滚动条实际就是沿着组件移动视口，同时描绘出它在下面“看到”的内容。

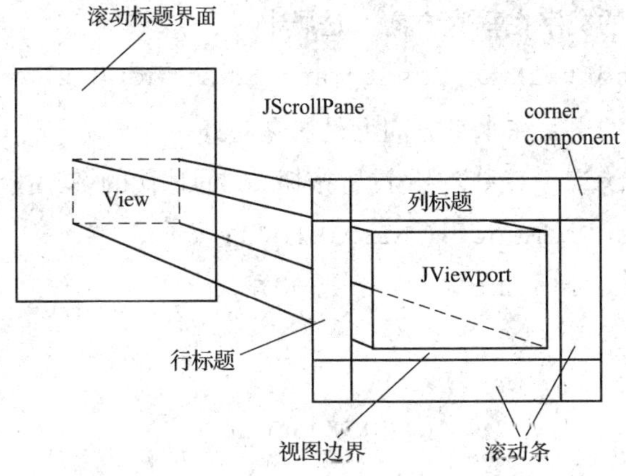

图 7—35　JScrollPane 是滚动条的面板

二、Swing 组件

1. 按钮（JButton）

按钮示例如下：

```
import Javax.swing.AbstractButton;
import Javax.swing.Icon;
import Javax.swing.ImageIcon;
import Javax.swing.JButton;
import Javax.swing.JFrame;

public class ButtonDemo extends JFrame {
   JButton b1, b2, b3;

   public ButtonDemo  (){
     super  ();
     Icon leftButtonIcon = new ImageIcon  ("top.gif");
     //显示在左按钮上的图标
     b1 = new JButton  ("Disable middle button", leftButtonIcon);
     //按钮 b1 上同时显示文字和图标
     b1.setVerticalTextPosition  (AbstractButton.CENTER);
```

```
    //按钮 b1 上的文字在垂直方向上是居中对齐
    b1.setHorizontalTextPosition (AbstractButton.LEFT);
    //按钮 b1 上的文字在水平方向上是居左对齐
    b1.setMnemonic ('a');//设置按钮 b1 的替代的键盘按键是 d
    b1.setActionCommand ("diaable");
    this.getContentPane ().add (b1);

  }

  public static void main (String args[]){
    ButtonDemo d = new ButtonDemo ();
    d.setSize (200,100);

    d.setVisible (true);

  }
}
```

运行结果如图 7—36 所示。

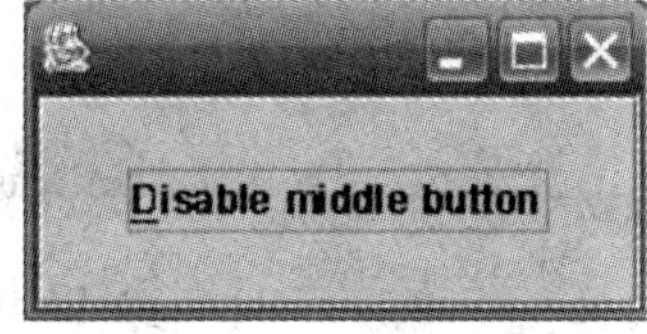

图 7—36 运行结果

按钮是一个常用组件，按钮可以带标签或图像。

常用的构造方法如下：

（1）JButton（Icon icon），按钮上显示图标。

（2）JButton（String text），按钮上显示字符。

（3）JButton（String text，Icon icon），按钮上既显示图标又显示字符。

2. 复选框（JCheckBox）

复选框示例如下：

```
import java.awt.Container;
import java.awt.FlowLayout;
import java.awt.event.ActionEvent;
```

```
import java.awt.event.ActionListener;
import java.awt.event.ItemEvent;
import java.awt.event.ItemListener;

import Javax.swing.Icon;
import Javax.swing.ImageIcon;
import Javax.swing.JButton;
import Javax.swing.JCheckBox;
import Javax.swing.JFrame;
import Javax.swing.JTextArea;

public class TestJCheckBox extends JFrame implements ActionListener,
      ItemListener {
    JCheckBox checkbox_1, checkbox_2, checkbox_3;

    JButton button;
JTextArea text;

    public TestJCheckBox  (){
      button = new JButton  ("确定");
      text = new JTextArea  ();
      Icon icon1 = new ImageIcon  ("hello.jpg");
      Icon icon2 = new ImageIcon  ("faint.jpg");
      checkbox_1 = new JCheckBox  ("同意", icon1);
      checkbox_2 = new JCheckBox  ("反对", icon2);
      checkbox_3 = new JCheckBox  ("不知道");
      Container con = getContentPane  ();
      con.setLayout  (new FlowLayout  ());
      con.add  (checkbox_1);
      con.add  (checkbox_2);
      con.add  (checkbox_3);
```

```
        con.add (button);
        button.addActionListener (this);
        checkbox_3.addItemListener (this);
    }

    public void actionPerformed (ActionEvent e){
        if (e.getSource () == button){
            checkbox_2.setIcon (checkbox_1.getIcon ());
            text.setText (checkbox_1.getText () + checkbox_2.getText
());
            button.setIcon (checkbox_2.getIcon ());
        }
    }

    public void itemStateChanged (ItemEvent e){
        if (e.getStateChange () == ItemEvent.SELECTED){
            button.setText (checkbox_3.getText ());
        }
    }

    public static void main (String args[]){
        TestJCheckBox test = new TestJCheckBox ();
        test.setSize (200, 100);
        test.setVisible (true);

    }
}
```

运行结果如图 7—37 所示。

复选框提供简单的“on/off”开关，旁边显示文本标签。

常用的构造方法如下：

(1) JCheckBox ( )

(2) JCheckBox (Icon icon)

(3) JCheckBox (Icon icon, boolean selected)

(4) JCheckBox (String text)

(5) JCheckBox (String text, boolean selected)

(6) JCheckBox (String text, Icon icon)

(7) JCheckBox (String text, Icon icon, boolean selected)

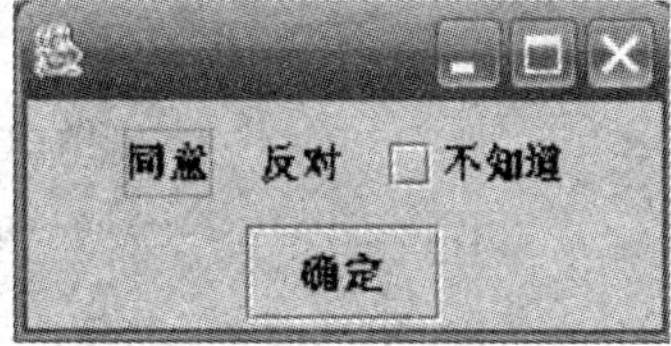

图 7—37 运行结果

CheckBox 通过这个方法来处理被选中事件，通常如第 51 ~55 行。

3. 单选框（JRadioButton）

单选框示例如下：

```
import java.awt.Container;
import java.awt.event.ItemEvent;
import java.awt.event.ItemListener;
import java.awt.event.WindowAdapter;
import java.awt.event.WindowEvent;

import Javax.swing.ButtonGroup;
import Javax.swing.JFrame;
import Javax.swing.JPanel;
import Javax.swing.JRadioButton;

public class TestJRadioButton extends JFrame implements ItemListen-
er {

   JRadioButton button1, button2, button3;

   ButtonGroup fruit;

   JPanel panel;

   public TestJRadioButton  (){
```

```
    Container con = getContentPane ();
    fruit = new ButtonGroup ();
    button1 = new JRadioButton ("苹果");
    fruit.add (button1);
    button2 = new JRadioButton ("香蕉");
    fruit.add (button2);
    button3 = new JRadioButton ("西瓜");
    fruit.add (button3);
    panel = new JPanel ();
    panel.add (button1);
    panel.add (button2);
  panel.add (button3);

  con.add (panel);
  button1.addItemListener (this);
  button2.addItemListener (this);
  button3.addItemListener (this);
  addWindowListener (new WindowAdapter (){
    public void windowClosing (WindowEvent e){
      System.exit (0);
    }
  }
}

public void itemStateChanged (ItemEvent e){
  if (e.getItemSelectable () = = button1){
    System.out.println ("苹果");
  } else if (e.getItemSelectable () = = button2){
    System.out.println ("香蕉");
  } else if (e.getItemSelectable () = = button3){
```

```
      System.out.println ("西瓜");
    }
  }

  public static void main (String args[]){
    TestJRadioButton test = new TestJRadioButton ();
    test.setSize (200,100);
    test.setVisible (true);

  }
}
```

运行结果如图 7—38 所示。

单选框 JRadioButton 与 AWT 中的复选框组功能类似。

常用的构造方法如下：

（1）JRadioButton（）

（2）JRadioButton（Icon icon）

（3）JRadioButton（Icon，boolean selected）

（4）JRadioButton（String text）

（5）JRadioButton（String text，boolean selected）

（6）JRadioButton（String text，Icon icon）

（7）JRadioButton（String text，Icon icon，boolean selected）

图 7—38　运行结果

注意：要保证三个 JRadioButton 的互斥性应该把这三个控件放到同一个 ButtonGroup 中。

4. 选择框（JComboBox）

选择框示例如下：

```
import java.awt.Container;
import java.awt.event.ItemEvent;
import java.awt.event.ItemListener;
```

```
import java.net.MalformedURLException;
import java.net.URL;

import Javax.swing.ImageIcon;
import Javax.swing.JComboBox;
import Javax.swing.JFrame;
import Javax.swing.JLabel;
import Javax.swing.JSplitPane;

public class TestJComboBox extends JFrame implements ItemListener {

    JComboBox choice1, choice2;

    JSplitPane split1, split2;
    JLabel label;

    URL url;

    public TestJComboBox (){
      Container con = getContentPane ();
      String[] s = { "苹果","香蕉","西瓜" };
      choice1 = new JComboBox (s);

      choice1.addItemListener (this);
      //choice2.addItemListener (this);
      con.add (choice1);
    }

    public void itemStateChanged (ItemEvent e){
      if (choice1.getSelectedIndex () = = 0){
        System.out.println ("苹果");
      } else if (choice1.getSelectedIndex () = = 1){
```

```
      System.out.println ("香蕉");
    } else if (choice1.getSelectedIndex () = = 2){
      System.out.println ("西瓜");
    }


  }

  public static void main (String args[]){
    TestJComboBox test = new TestJComboBox ();
    test.setSize (200, 80);
    test.setVisible (true);


  }
  }
```

运行结果如图 7—39 所示。

选择框每次只能选择其中的一项，但是可编辑每项的内容，而且每项的内容可以是任意类，而不再局限于 String。

常用的构造方法如下：

（1）public JComboBox ( )，此构造函数使用默认数据模型创建 JComboBox。

（2）public JComboBox（Object [ ] items)，包含指定数组元素的组合框。

5. 标签（JLabel）

标签提供可带图形的标签，如图 7—40 所示。

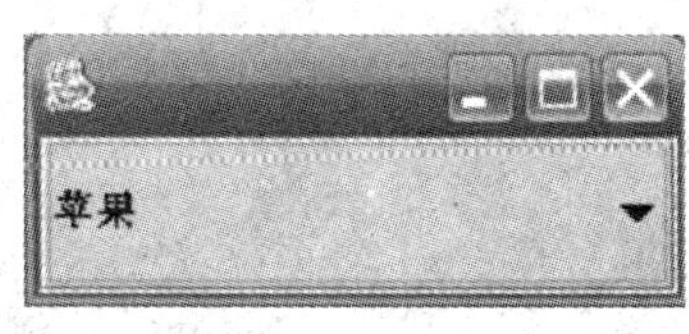

图 7—39　运行结果

图 7—40　带图形的标签

常用的构造方法有：

（1）JLabel（Icon icon），icon 表示使用的图标。

（2）JLabel（String text，Icon icon，int align），text 表示使用的字符串，icon 表示使用的图标，align 表示水平对齐方式，其值可以为 LEFT、RIGHT、CENTER。

6. Swing 中的菜单

菜单的示例如下：

```
importjava.awt.BorderLayout;
import java.awt.event.ActionEvent;
import java.awt.event.ActionListener;

import Javax.swing.ButtonGroup;
import Javax.swing.JFrame;
import Javax.swing.JMenu;
import Javax.swing.JMenuBar;
import Javax.swing.JMenuItem;
import Javax.swing.JPanel;
import Javax.swing.JRadioButtonMenuItem;
import Javax.swing.SwingUtilities;
import Javax.swing.UIManager;

public class TestMenu1 extends JFrame {

   private JPanel jContentPane = null;

   public static void main  (String[] args){
     new TestMenu1  ().setVisible  (true);
   }

   public TestMenu1  (){
     super  ();
     initialize  ();
   }
```

```
private void initialize (){
  this.setSize (300,200);
  this.setContentPane (getJContentPane ());
  this.setTitle ("JFrame");
  JMenuBar mb = new JMenuBar ();
  JMenu file = new JMenu ("水果", true);
  JMenuItem item1 = new JMenuItem (“西瓜”);
  //item1.setText ("西瓜");
  item1.addActionListener (new ActionListener (){
    public void actionPerformed (ActionEvent ae){
      System.out.println ("西瓜");
    }
  }
  JMenuItem item2 = new JMenuItem ("苹果");
  //item2.setText ("苹果");
  item2.addActionListener (new ActionListener (){
    public void actionPerformed (ActionEvent ae){
      System.out.println ("苹果");
    }
  }
  JMenuItem item3 = new JMenuItem ("香蕉");
  //item3.setText ("香蕉");
  item3.addActionListener (new ActionListener (){
    public void actionPerformed (ActionEvent ae){
      System.out.println ("香蕉");
    }
  }

  file.add (item1);
  file.add (item2);
  file.add (item3);
```

```
    mb.add (file);
    setJMenuBar (mb);
  }

  private JPanel getJContentPane (){
    if (jContentPane = = null){
      jContentPane = new JPanel ();
      jContentPane.setLayout (new BorderLayout ());
    }
    return jContentPane;
  }

}
```

运行结果如图 7—41 所示。

图 7—41　运行结果

在一个窗口中，经常需要给窗口添加菜单条。在 Java 中这一部分是由三个类实现的，它们是 JMenuBar、JMenu 和 JMenuItem，分别对应菜单条、菜单和菜单项。

（1）JMenuBar。JMenuBar 的构造方法是 JMenuBar（）。构造之后，还要将它设置成窗口的菜单条，只能被添加到 JFrame 对象中，作为整个菜单树的根基，如示例中第 74 行。

（2）JMenu。在添加完菜单条后，并不会显示任何菜单，还需要在菜单条中添加菜单，并且菜单只能被添加至菜单容器（JMenuBar）中。添加菜单时，无法直接将菜单添加到容器的某一位置，也无法使用布局管理器对其加以控制。

（3）JMenuItem。JMenuItem 是菜单树中的叶子节点。JMenuItem 通常被添加到一个 Menu 中。JMenuItem 对象可以添加 ActionListener，使其能够完成相应的操作。

JMenuItem 有三种：JMenuItem，JCheckBoxMenuItem，JRadioButtonMenuItem。

JMenuBar 和 JMenu 都没有必要注册监听器，只需要对 JMenuItem 添加监听器 ActionListener，完成相应操作。

7. 表格（JTable）

表格示例如下：

```
import java.awt.BorderLayout;
import java.awt.Dimension;
import java.awt.event.WindowAdapter;
import java.awt.event.WindowEvent;

import Javax.swing.JFrame;
import Javax.swing.JOptionPane;
import Javax.swing.JScrollPane;
import Javax.swing.JTable;
import Javax.swing.table.AbstractTableModel;

public class TableDemo extends JFrame {
   private boolean DEBUG = true;

   public TableDemo (){ //实现构造方法
   super ("RecorderOfWorkers"); //首先调用父类 JFrame 的构造方法生成一个窗口
     MyTableModel myModel = new MyTableModel (); //myModel 存放表格的数据
JTable table = new JTable (myModel); //表格对象 table 的数据来源是 myModel 对象
```

```
table. setPreferredScrollableViewportSize ( new Dimension ( 500,
70));//表格的显示尺寸

    //产生一个带滚动条的面板
    JScrollPane scrollPane = new JScrollPane (table);

    //将带滚动条的面板添入窗口中
    getContentPane ().add (scrollPane, BorderLayout.CENTER);

    addWindowListener (new WindowAdapter (){//注册窗口监听器
      public void windowClosing (WindowEvent e){
        System.exit (0);
      }
    }
  }

  //把要显示在表格中的数据存入字符串数组和 Object 数组中
  class MyTableModel extends AbstractTableModel {
    //表格中第一行所要显示的内容存放在字符串数组 columnNames 中
    final String[] columnNames = { "First Name", "Position", "Tele-
phone","MonthlyPay", "Married" };

    //表格中各行的内容保存在二维数组 data 中
    final Object[][] data = {
          { "Wangdong", "Executive", "01068790231", new Integer
(5000),new Boolean (false)},
          { "LiHong", "Secretary", "01069785321", new Integer
(3500),new Boolean (true)},
        {"LiRui", "Manager","01065498732", new Integer (4500),
          new Boolean (false)},
```

```
        { "ZhaoXin"," Safeguard", "01062796879", new Integer
(2000),
        new Boolean (true)},
        { "ChenLei"," Salesman", "01063541298", new Integer
(4000),
        new Boolean (false)}};
```

//下述方法是重写 AbstractTableModel 中的方法，其用途是被 JTable 对象调用，
//以便在表格中正确地显示出来。程序员必须根据采用的数据类型加以恰当实现。

```
    //获得列的数目
    public int getColumnCount (){
      return columnNames.length;
    }

    //获得行的数目
    public int getRowCount (){
      return data.length;
    }

    //获得某列的名字，而目前各列的名字保存在字符串数组 columnNames 中
    public String getColumnName (int col){
      return columnNames[col];
    }

    //获得某行某列的数据，而数据保存在对象数组 data 中
    public Object getValueAt (int row, int col){
      return data[row][col];
    }

    //判断每个单元格的类型
```

```
    public Class getColumnClass (int c){
      return getValueAt (0, c).getClass ();
    }

    //将表格声明为可编辑的
    public boolean isCellEditable (int row, int col){
      if (col < 2){
        return false;
      } else {
        return true;
      }
    }

    //改变某个数据的值
    public void setValueAt (Object value, int row, int col){
      if (DEBUG){
        System.out.println ("Setting value at" + row + "," + col
            + " to" + value +"(an instance of "
            + value.getClass () + ")");
      }

      if (data[0][col] instanceof Integer && ! (value instanceof
Integer)){
        try {
          data[row][col] = new Integer (value.toString ());
          fireTableCellUpdated (row, col);
        } catch (NumberFormatException e){
          JOptionPane.showMessageDialog (TableDemo.this, "The \""
            + getColumnName (col)
            + " \" column accepts only integer values.");
        }
```

```
    } else {
      data[row][col] = value;
      fireTableCellUpdated (row, col);
    }

    if (DEBUG){
      System.out.println ("New value of data:");
      printDebugData ();
    }
  }

  private void printDebugData (){
    int numRows = getRowCount ();
    int numCols = getColumnCount ();

    for (int i = 0; i < numRows; i + +){
      System.out.print ("row " + i + ":");
      for (int j = 0; j < numCols; j + +){
        System.out.print ("" + data[i][j]);
      }
      System.out.println ();
    }
    System.out.println ("-----------------------
-----");
  }
}

public static void main (String[] args){
  TableDemo frame = new TableDemo ();
  frame.pack ();
```

```
    frame.setVisible (true);
  }
}
```

运行结果如图 7—42 所示。

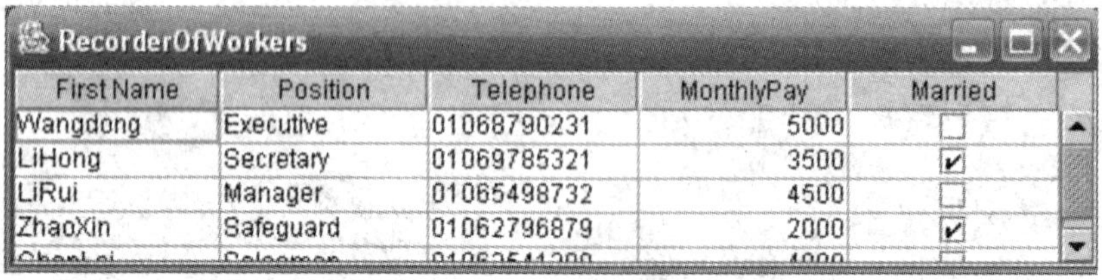

RecorderOfWorkers

First Name	Position	Telephone	MonthlyPay	Married
Wangdong	Executive	01068790231	5000	☐
LiHong	Secretary	01069785321	3500	☑
LiRui	Manager	01065498732	4500	☐
ZhaoXin	Safeguard	01062796879	2000	☑

图 7—42　运行结果

表格是 Swing 新增加的组件，主要功能是把数据以二维表格的形式显示出来。使用表格，依据 M－V－C 的思想，最好先生成一个 MyTableModel 类型的对象来表示数据，这个类是从 AbstractTableModel 类中继承来的，其中有几个方法是一定要重写的，例如 getColumnCount，getRowCount，getColumnName，getValueAt。因为 Jtable 会从这个对象中自动获取表格显示所必需的数据，AbstractTableModel 类的对象负责表格大小的确定（行、列）、内容的填写、赋值、表格单元更新的检测等一切跟表格内容有关的属性及其操作。JTable 类生成的对象以该 TableModel 为参数，并负责将 TableModel 对象中的数据以表格的形式显示出来。

JTable 类常用的方法如下：

（1）getModel ()，获得表格的数据来源对象。

（2）JTable（TableModel dm），dm 对象中包含了表格要显示的数据。

下列两个构造方法，第一个参数是数据，第二个参数是表格第一行中显示的内容：

JTable（object [ ] [ ] rowData，object [ ] columnNams）；

JTable（Vector [ ] [ ] rowData，Vector [ ] columnNams）；

第 8 章

集 合 框 架

第 1 节　集合框架概述

学习目标

➢熟悉集合框架的用途

➢掌握集合框架图

集合框架是为表示和操作集合而规定的一种统一的标准的体系结构。任何集合框架都包含三大块内容：对外的接口、接口的实现和对集合运算的算法。

接口：即表示集合的抽象数据类型。接口提供了让人们对集合中所表示的内容进行单独操作的可能。

实现：也就是集合框架中接口的具体实现。实现它们的就是那些可复用的数据结构。

算法：在一个实现了某个集合框架中的接口的对象身上完成某种有用的计算的方法，例如查找、排序等。这些算法通常是多态的，因为相同的方法可以在同一个接口被多个类实现时有不同的表现。事实上，算法是可复用的函数。

一、集合框架的用途

1. 为程序设计提供便利

集合框架通过提供有用的数据结构和算法使编程者能集中注意力于程序的重要部分上，而不是为了让程序能正常运转而将注意力集中于低层设计上。通过这些在无关 API 之间的简易的互用性，使编程者免除了为改变对象或转换代码以便联合这些 API 而去编写大量的代码。

2. 提高程序的运行速度和质量

集合框架通过提供有用的数据结构和算法的高性能和高质量的实现，使程序的运行速度和质量得到提高。因为每个接口的实现是可互换的，所以程序可以很容易通过改变一个实现而进行调整。

3. 减少学习和使用新 API 的麻烦

许多 API 天生有对集合的存储和获取。在过去，这样的 API 都有一些子 API 帮助操纵它的集合内容，因此特殊的子 API 之间就会缺乏一致性，编程者也不得不从零开始学习，

并且在使用时也很容易犯错。而标准集合框架接口的出现使这个问题迎刃而解。

4. 减少了设计新 API 的工作量

设计者和实现者不用再在每次创建一种依赖于集合内容的 API 时重新设计，只要使用标准集合框架的接口即可。

5. 集合框架鼓励软件的复用

遵照标准集合框架接口的新的数据结构天生就是可复用的。同样对于操作一个实现了这些接口的对象的算法也是如此。

二、集合框架图

Java 平台提供了一个全新的集合框架。集合框架主要由一组用来操作对象的接口组成。不同接口描述一组不同数据类型。如图 8—1 所示。

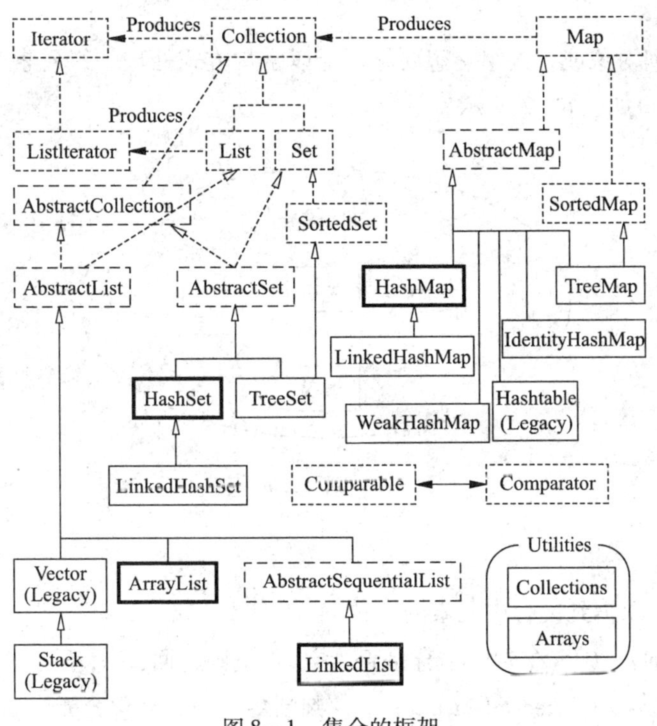

图 8—1　集合的框架

1. 集合接口

6 个接口（短虚线方框表示）表示不同的集合类型，是集合框架的基础。

2. 抽象类

5 个抽象类（长虚线方框表示），对集合接口的部分实现。可扩展为自定义集合类。

3. 实现类

8 个实现类（实线方框表示），对接口的具体实现。

第 2 节　集合接口

学习目标

➢掌握不同的集合接口

一、Collection 接口

用于表示任何对象或元素组。想要尽可能以常规方式处理一组元素时，就使用这一接口。Collection 接口如图 8—2 所示。

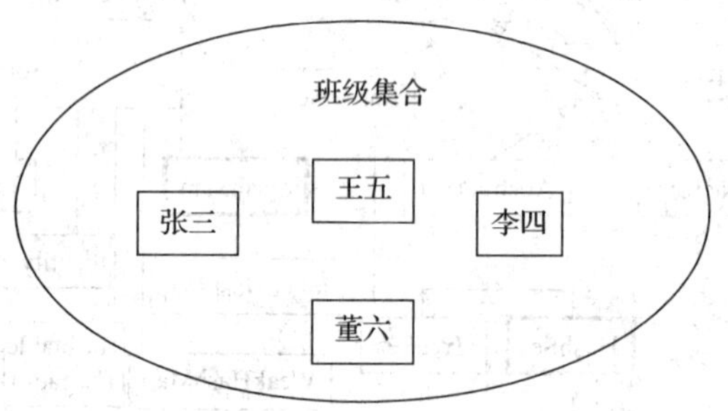

图 8—2　Collection 接口

1. 基本操作

int size （）; //得到集合中元素的个数

boolean isEmpty （）; //判断集合是否为空,是空则返回 true,不为空返回 false

boolean contains （Object element）; //判断集合中是否包含元素 element

boolean add （Object element）; //将 element 元素加入集合中

boolean remove （Object element）; //将 element 元素从集合中删除

Iterator iterator （）; //得到集合的迭代器,可以使用 iterator. next （）得到下一个元素

2. 批量操作

boolean containsAll （Collection c）; //判断本集合是否包含集合 c

boolean addAll （Collection c）； //将集合 c 加入本集合中

boolean removeAll （Collection c）；//将集合 c 从本集合中删除

boolean retainAll （Collection c）；//保留集合 c 中的所有元素

void clear （）；//清空集合

3. 数组操作

Object[ ] toArray （）；

Object[ ] toArray （Object a[ ]）；//将集合中的所有元素按数组形式返回

示例如下：

```
import java.util.ArrayList;
import java.util.Collection;
import java.util.Iterator;

public class TestCollection {

    public static void main (String[] args){
        Collection c;
        c = new ArrayList ();
        c.add ("1");
        c.add ("3");
        c.add ("2");
        Iterator it = c.iterator ();
        while (it.hasNext ()){
            System.out.println (it.next ()); //返回集合元素
        }
    }

}
```

运行结果如下：

1

3

2

iterator （）方法返回的对象类似于列举，返回下面给出的迭代器 Iterator 接口。

```
public interface Iterator {
    boolean hasNext  ();
    Object next  ();
}
```

二、Set 接口

Set 接口继承 Collection，但不允许重复，使用自己内部的一个排列机制。HashSet 和 TreeSet 是 Set 的实现。

由于 Set 接口继承 Collection，因此 Set 的方法包含了 Collection 的方法。Set 接口方法如下：

1．基本操作

```
int size  ();
boolean isEmpty  ();
boolean contains  (Object element);
boolean add  (Object element);
boolean remove  (Object element);
Iterator iterator  ();
```

2．批量操作

```
boolean containsAll  (Collection c);
boolean addAll  (Collection c);
boolean removeAll  (Collection c);
boolean retainAll  (Collection c);
void clear  ();
```

3．数组操作

```
Object [] toArray  ();
Object [] toArray  (Object a []);
```

假设有一个集合 c，而想要创建另一个具有 c 中所有元素（除去重复元素）的集合，则用

```
Collection noDuplicates = new HashSet  (c);
```

所以刚才的示例也可以改为：

```
import java.util.Collection;
import java.util.HashSet;
import java.util.Iterator;

public class TestCollection {

    public static void main  (String[] args){
    Collection c;
    c = new HashSet  ();
    c.add  ("1");
    c.add  ("3");
    c.add  ("2");
    Iterator it = c.iterator  ();
    while (it.hasNext  ()){
          System.out.println  (it.next  ()); //返回集合元素
    }
  }

}
```

运行结果还是：

3

2

1

创建最初包含 c 中所有元素的集合，它定义成不包含任何重复项。其中，size（）方法返回集合中的元素数量；isEmpty（）方法在集合为空时返回 TRUE，如果一个新元素还未存在于集合中，则 add（）方法将该新元素添加到集合中并返回一个布尔值来指示是否已添加了该元素；remove（）方法从集合中除去指定的元素（如果该元素存在）并返回一个布尔值来指示该操作是否已成功；iterator（）方法返回集合的迭代程序。

Set 接口的示例如下：

```
import java.util.HashSet;
import java.util.Set;

public class DetectDuplicates {
   public static void main  (String args[]){
     Set s = new HashSet  ();
     for  (int i  = 0; i < args.length; i + +)
        if  (! s.add  (args[i])){
           System.out.println  ("Duplicate detected: " + args[i]);
        }
     System.out.println  ("size of Set: " + s.size  ()
           + " distinct words detected: " + s);
   }
}
```

以上程序接受其参数列表中的单词，并打印出存在的任何重复单词、不同单词的数量以及已消除了重复项的单词列表。

以上程序的输出将如下所示：

% Java DetectDuplicates i came i saw and i conquered

Duplicate detected：i

Duplicate detected：i

size of Set：5 distinct words detected：[conquered, came, i, and, saw]

三、List 接口

List 接口继承 Collection，允许重复，以元素安插的次序来放置元素，不会重新排列。JDK 具有两个一般用途的列表实现：ArrayList 和 LinkedList。Vector 也已改进为实现 List。

List 接口方法如下：

1. 位置访问

Object get (int index);

Object set (int index, Object element);

void add （int index，Object element）；

Object remove （int index）；

abstract boolean addAll （int index，Collection c）；

2. 搜索

int indexOf （Object o）；

int lastIndexOf （Object o）；

3. 迭代

ListIterator listIterator （）；

ListIterator listIterator （int index）；

4. 范围查看

List subList （int from，int to）；

从 Collection 接口继承而来的操作与在 Collection 接口中的工作方式相同。remove（）操作用于从列表中除去指定元素的第一次出现。add（）和 addAll（）操作总是将指定元素追加到列表的末尾。要连接两个列表，可以使用以下代码：

list1. addAll （list2）；

List 的示例如下：

```
import java.util.ArrayList;
   import java.util.Iterator;
import java.util.List;

public class TestList {

   public static void main (String[] args){

      List v = new ArrayList ();
      //存入数据
      v.add ("A");
      v.add ("B");
      v.add ("B");
      v.add ("C");
```

```
    v.add ("D");
    v.add ("E");
    //取数据方法1
    Iterator it = v.iterator ();
    while (it.hasNext ()){
          System.out.println ("取数据方法1 : " + it.next ());
    }
    System.out.println ("==================");
    //取数据方法2
    for (int i = 0; i < v.size (); i + +){
           System.out.println ("取数据方法2 : " + v.get (i));
    }
    }

}
```

运行结果：

取数据方法1：A

取数据方法1：B

取数据方法1：B

取数据方法1：C

取数据方法1：D

取数据方法1：E

==================

取数据方法2：A

取数据方法2：B

取数据方法2：B

取数据方法2：C

取数据方法2：D

取数据方法2：E

上面的示例用两种方法遍历 List 类型的集合，其中一种是 Collection 特有的方法，第二种使用 for 循环方式。

四、Map 接口

Map 接口是一组成对的键—值对象，即所持有的是 key - value pairs。Map 中不能有重复的 key，拥有自己的内部排列机制。Map 接口如图 8—3 所示。

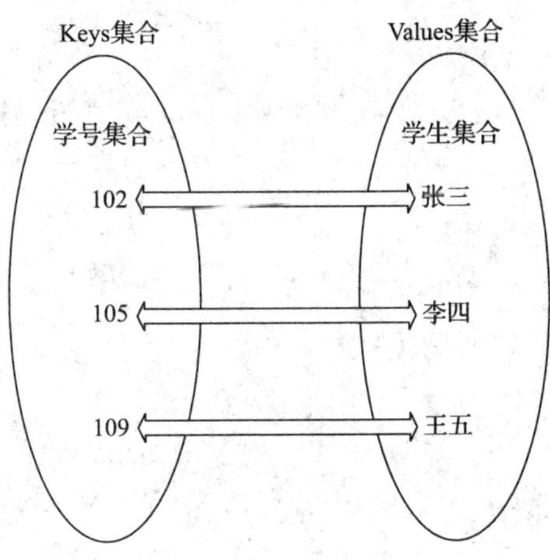

图 8—3　Map 接口

Map 接口方法如下：

1. 基本操作

Object put　(Object key, Object value);

Object get　(Object key);

Object remove　(Object key);

boolean containsKey　(Object key);

boolean containsValue　(Object value);

int size　();

boolean isEmpty　();

2. 批量操作

void putAll　(Map t);

void clear　();

3. 集合查看

public Set keySet　();

public Collection values　();

public Set entrySet （）;

Map 接口示例是让程序生成在其参数列表中找到单词的频率表，示例如下：

```
import java.util.HashMap;
import java.util.Map;

public class FrequencyTable {
    private static final Integer ONCE = new Integer  (1);

    public static void main  (String args[]){
        Map map = new HashMap  ();
        /* 通过命令行参数初始化频率表 */
        for  (int j = 0; j < args.length; j + +){
            Integer frequency = (Integer)map.get  (args[j]);
            map.put  (args[j], (frequency = = null ? ONCE : new Inte-
ger  (frequency.intValue  () + 1)));
            }
    System.out.println  (" no of distinct words detected: " + map.
size  ());
    System.out.println  (map);
    }
}
```

下面给出的程序生成在其参数列表中找到单词的频率表。该频率表本质上将每个单词映射成参数列表中特定单词的出现次数。请仔细查看 put 语句的第二个参数。它是一个条件表达式，如果以前从未看到过该单词，则将频率设置为 1，如果已看到过该单词，则将它的当前值加 1。现在，用以下命令行参数运行该程序，如下所示：

Java Frequency able I mean what I mean but you don’ t mean what I mean

下面显示了用以上命令参数运行该程序时得到的结果：

No. of distinct words detected: 6

{but =1, mean =4, I =3, you =1, don’t =1, what =2}

Map 接口的集合查看方法允许以三种方法将映射视为集合，这三种方法就是 keySet、values 和 entrySet。keySet 是映射中包含的键集，values 是映射中的值的集合，entrySet 是包含在映射中的键—值对的集。

查看键集的迭代方式如下：

for （Iterator iter = map. keySet （）. iterator （）; iter. hasNext （）; ）

System. out. println （iter. next （））;

Map 的另一个示例如下：

```
import java.io.IOException;
import java.util.HashMap;
import java.util.Iterator;
import java.util.Map;

public class Dictionary {

    public static void main (String[] args)throws IOException {

        Map dict = new HashMap ();

        dict.put ("property","属性");
        dict.put ("run","n.跑，赛跑，奔跑，运转，趋向");
        dict.put ("go","vi.离去，走，进行，变成，趋于，达到，求助于，诉诸");
        dict.put ("from","prep.从，今后，来自，由于");
        dict.put ("to","prep.向，往，给...，于...，直到...为止，在...之前，
比，对，[表示程度、范围] 到，达");

        System.out.println ("字典的记录:");
        for (Iterator iter = dict.keySet ().iterator (); iter.has-
Next ();){
            Object key = iter.next ();
            System.out.print (key);
```

```
        System.out.println  (" = " + dict.get  (key));
    }

    System.out.println  ("---------------------");
    System.out.println  ("您可以使用这个字典了!");

    while (true){
        byte bytWord[] = new byte[64];
        int intWord = System.in.read  (bytWord);
        String sWord = new String  (bytWord, 0, intWord - 2);
        if  (sWord.equals  ("exit")){
            break;
    }

        String sResult = (String)dict.get(sWord);
        if  (sResult = = null){
            System.out.println  ("对不起! 没有查到!");
        } else {
            ystem.out.println  (sResult);
        }
    }

    System.out.println  ("字典程序退出!");
  }
}
```

上面的示例是一个简单的字典程序，将几个单词放到 Map 变量中，从键盘输入一个单词，然后打印出单词的中文解释。

第3节 集合算法

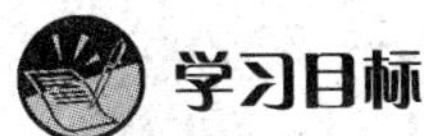

学习目标

➢掌握集合算法

Collections 类中的静态方法，用于排序、搜索、混排和数据操纵，方法的第一个参数是要执行操作的集合。

一、排序（sort）

使用排序方法可以根据元素的自然顺序，对指定列表按升序进行排序。列表中的所有元素都必须实现 Comparable 接口。列表内的所有元素都必须是使用指定比较器可比较的。

示例如下：

```
double array[] = {112, 111, 23, 456, 231 };
for (int i = 0; i < array.length; i + +){
list.add (new Double (array[i]));
}
Collections.sort (list);
for (int i = 0; i < array.length; i + +){
System.out.println (List.get (i));
}
```

运行的结果是：

23

111

112

231

456

二、混排（Shuffling）

混排算法所做的正好与排序相反，以随机的方式排列 List 中元素。

示例如下：

```
double array[] = {112, 111, 23, 456, 231 };
for (int i = 0; i < array.length; i + +){
list.add (new Double (array[i]));
}
Collections.shuffle (list);
for (int i = 0; i < array.length; i + +){
System.out.println (List.get (i));
}
```

运行结果是：

112

111

23

456

231

三、反转（Reverse）

使用反转方法可以根据元素的自然顺序对指定列表按降序进行排序。

示例如下：

```
double array[] = {112, 111, 23, 456, 231 };
for (int i = 0; i < array.length; i + +){
list.add (new Double (array[i]));
}
Collections. reverse (list);
```

```
for  (int i = 0; i < array.length; i + +){
System.out.println  (List.get  (i));
}
```

运行结果是:

231

456

23

111

112

四、替换所有的元素（Fill）

该方法是使用指定元素替换指定列表中的所有元素。

示例如下:

```
String str[] = {"dd","aa","bb","cc","ee"};
for  (int j =0;j <str.length;j + +){
li.add  (new String  (str[j]));
}
Collections.fill  (li,"aaa");
for  (int i = 0; i < li.size  (); i + +){
System.out.println  ("list[" + i + "] =" + li.get  (i));
}
```

运行结果:

list [0] =aaa

list [1] =aaa

list [2] =aaa

list [3] =aaa

list [4] =aaa

五、复制（Copy）

用两个参数，一个目标 List 和一个源 List，将源的元素复制到目标，并覆盖它的内容。目标 List 至少与源一样长。如果它更长，则在目标 List 中的剩余元素不受影响。

Collections. copy （list，li）：后面一个参数是目标列表，前一个是源列表。

示例如下：

```
double array[] = {112, 111, 23, 456, 231 };
List list = new ArrayList ();
List li = new ArrayList ();
for (int i = 0; i < array.length; i + +){
    list.add (new Double (array[i]));
}
double arr[] = {1131,333};
for (int j =0;j <arr.length;j + +){
    li.add (new Double (arr[j]));
}
Collections.copy (list,li);
for (int i = 0; i <list.size (); i + +){
    System.out.println ("list[" + i + "] =" + list.get (i));
}
```

运行的结果是：

list［0］ =1131

list［1］ =333

list［2］ =23

list［3］ =456

list［4］ =231

六、返回 Collections 中的最小元素（min）

根据指定比较器产生的顺序，返回给定 Collection 的最小元素。Collection 中的所有元素都必须是通过指定比较器可相互比较的。

示例如下：

```
double array[] = {112, 111, 23, 456, 231 };
List list = new ArrayList ();
for (int i = 0; i < array.length; i + +){
list.add (new Double (array[i]));
}
    System.out.println (Collections min (list));
```

运行的结果是：

23

七、返回 Collections 中的最大元素（max）

根据指定比较器产生的顺序，返回给定 Collection 的最大元素。Collection 中的所有元素都必须是通过指定比较器可相互比较的。

示例如下：

```
double array[] = {112, 111, 23, 456, 231 };
List list = new ArrayList ();
for (int i = 0; i < array.length; i + +){
  list.add (new Double (array[i]));
}
  System.out.println (Collections max (list));
```

运行的结果是：

456

八、返回目标最后出现位置（lastIndexOfSubList）

返回指定源列表中最后一次出现指定目标列表的索引位置。

示例如下：

```
double array[] = {112, 111, 23, 111, 231 };
List list = new ArrayList ();
List li = new ArrayList ();
for (int i = 0; i < array.length; i + +){
    list.add (new Double (array[i]));
}
double arr[] = {111};
for (int j =0;j <arr.length;j + +){
    li.add (new Double (arr[j]));
}
Int locations = Collections. lastIndexOfSubList (list,li);
System.out.println (locations);
```

运行的结果是：

3

九、返回目标第一次出现位置（IndexOfSubList）

返回指定源列表中第一次出现指定目标列表的索引位置。

示例如下：

```
double array[] = {112, 111, 23, 456, 231 };
List list = new ArrayList ();
    List li = new ArrayList ();
for (int i = 0; i < array.length; i + +){
list.add (new Double (array[i]));
}
double arr[] = {111};
for (int j =0;j <arr.length;j + +){
    li.add (new Double (arr[j]));
}
```

```
Int locations = Collections.indexOfSubList  (list,li);
System.out.println  (locations);
```

运行的结果是:

1

十、循环移动元素（Rotate）

根据指定的距离循环移动指定列表中的元素。

Collections. rotate （list， －1）；

如果是负数，则正向移动；如果是正数，则反方向移动。

示例如下：

```
double array[] = {112,111,23,456,231};
    List list = new ArrayList  ();
for  (int i = 0; i < array.length; i + +){
    list.add  (new Double  (array[i]));
}
Collections.rotate  (list,-1);
for  (int i = 0; i <list.size  (); i + +){
System.out.println  ("list[" + i + "] =" + list.get  (i));
}
```

运行的结果是：

list［0］＝111

list［1］＝23

list［2］＝456

list［3］＝231

list［4］＝112

第 4 节 ArrayList 和 HashMap 的应用

学习目标

➢掌握 ArrayList 和 HashMap 的应用

一、ArrayList 的应用

System. Collections. ArrayList 类是一个特殊的数组。通过添加和删除元素，就可以动态改变数组的长度。

1. 构造方法

ArrayList 提供了三个构造方法。

（1）public ArrayList（ ）；默认的构造器，将会以默认（16）的大小来初始化内部的数组。

（2）public ArrayList（ICollection）；用一个 ICollection 对象来构造，并将该集合的元素添加到 ArrayList。

（3）public ArrayList（int）；用指定的大小来初始化内部的数组。

2. IsSynchronized 属性和 ArrayList. Synchronized 方法

IsSynchronized 属性指示当前的 ArrayList 实例是否支持线程同步，而 ArrayList. Synchronized 静态方法则会返回一个 ArrayList 的线程同步的封装。

如果是使用非线程同步的实例，那么在多线程访问的时候，需要自己手动调用 lock 来保持线程同步，例如：

```
ArrayList list = new ArrayList ( );
//...
lock ( list.SyncRoot ) //当 ArrayList 为非线程包装的时候，SyncRoot 属性其实就是它自己，但是为了满足 ICollection 的 SyncRoot 定义，这里还是使用 SyncRoot 来保持源代码的规范性
{
list.Add ( "Add a Item" );
}
```

如果是使用 ArrayList. Synchronized 方法返回的实例，那么就不用考虑线程同步的问题，这个实例本身就是线程安全的，实际上 ArrayList 内部实现了一个保证线程同步的内部类，ArrayList. Synchronized 返回的就是这个类的实例，它里面的每个属性都是用了 lock 关键字来保证线程同步。

3. 遍历方法

在 List 的示例中：

```
List v = new ArrayList ( );
```

ArrayList 是 List 接口的实现类。两种遍历 ArrayList 的方法如下：

```
//遍历方法 1
Iterator it = v. iterator ( );
while (it. hasNext ( )) {
  System. out. println (" 取数据方法 1 : " + it. next ( ));
}
//遍历方法 2
for (int i = 0; i < v. size ( ); i + +){
    System. out. println ("取数据方法 2 : " + v. get (i));
}
```

二、HashMap 的应用

HashMap 示例如下：

```
import java.util.*;
public class Exp1 {
    public static void main (String args){
        HashMap h1 =new HashMap ();
        Random r1 =new Random ();
      for (int i =0;i <1000;i + +){
          Integer t =new Integer (r1.nextInt (20));
        if (h1.containsKey (t))
            ((Ctime)h1.get (t)).count + +;
          Else
```

```
            h1.put (t, new Ctime ());
        }
        System.out.println (h1);
    }
}
class Ctime{
    int count =1;
    public String toString (){
        return Integer.toString (count);
    }
}
```

在 HashMap 中通过 get（）来获取 value，通过 put（）来插入 value，ContainsKey（）则用来检验对象是否已经存在。可以看出，和 ArrayList 的操作相比，HashMap 除了通过 key 索引其内容之外，别的方面差异并不大。

第 9 章

Java 网络编程

第1节 基于URL的高层次Java网络编程

➢熟悉一致资源定位器

➢能够创建并解析一致资源定位器

一、一致资源定位器

URL（uniform resource locator）是一致资源定位器的简称，它表示Internet上某一资源的地址。通过URL可以访问Internet上的各种网络资源，比如最常见的WWW，FTP站点。浏览器通过解析给定的URL可以在网络上查找相应的文件或其他资源。

URL是最为直观的一种网络定位方法。使用URL符合人们的语言习惯，容易记忆，所以应用十分广泛。而且在目前使用最为广泛的TCP/IP协议中对于URL中主机名的解析也是协议的一个标准，即所谓的域名解析服务。使用URL进行网络编程，不需要对协议本身有太多的了解，功能也比较弱，相对而言是比较简单的，所以在这里先介绍在Java中如何使用URL进行网络编程来引导读者入门。

二、URL的组成

protocol://resourceName

协议名（protocol）指明获取资源所使用的传输协议，如http、ftp、gopher、file等。资源名（resourceName）则应该是资源的完整地址，包括主机名、端口号、文件名或文件内部的一个引用。例如：

http://www.sun.com/协议名://主机名

http://home.netscape.com/home/welcome.html 协议名://机器名 + 文件名

http://www.gamelan.com:80/Gamelan/network.html#BOTTOM 协议名://机器名 + 端口号 + 文件名 + 内部引用

端口号是和Socket编程相关的一个概念，初学者不必在此深究。内部引用是HTML中的标记，有兴趣的读者可以参考有关HTML的书籍。

三、创建一个 URL

为了表示 URL，java. net 中实现了类 URL。可以通过下面的构造方法来初始化一个 URL 对象：

1. public URL（String spec）；

通过一个表示 URL 地址的字符串可以构造一个 URL 对象。

URL urlBase = new URL （"http://www. 263. net/"）

2. public URL（URL context，String spec）；

通过基 URL 和相对 URL 构造一个 URL 对象。

URL net263 = new URL （"http://www. 263. net/"）；

URL index263 = new URL （net263，" index. html"）

3. public URL （String protocol，String host，String file）；

new URL （"http"，"www. gamelan. com"，"/pages/Gamelan. net. html"）；

4. public URL （String protocol，String host，int port，String file）；

URL gamelan = new URL （"http"，"www. gamelan. com"，80，"Pages/Gamelan. network. html"）；

注意:类 URL 的构造方法都声明抛出非运行时例外(MalformedURLException)，因此生成 URL 对象时，必须要对这一例外进行处理，通常是用 try - catch 语句进行捕获。格式如下：

```
try{
        URL myURL = new URL （…）
}catch （MalformedURLException e）{
…
//exception handler code here
…
}
```

四、解析一个 URL

一个 URL 对象生成后，其属性是不能被改变的，但是可以通过类 URL 所提供的方法来获取这些属性：

public String getProtocol（）获取该 URL 的协议名。

public String getHost（）获取该 URL 的主机名。

public int getPort（）获取该 URL 的端口号，如果没有设置端口，返回 -1。

public String getFile（）获取该 URL 的文件名。

public String getRef（）获取该 URL 在文件中的相对位置。

public String getQuery（）获取该 URL 的查询信息。

public String getPath（）获取该 URL 的路径。

public String getAuthority（）获取该 URL 的权限信息。

public String getUserInfo（）获得使用者的信息。

public String getRef（）获得该 URL 的锚。

下面的例子中，将生成一个 URL 对象，并获取它的各个属性。

```
import java.net.URL;

public class ParseURL {
  public static void main (String[] args)throws Exception {

      URL Aurl = new URL ("http://java.sun.com:80/docs/books/");
      URL tuto = new URL (Aurl,"tutorial.intro.html#DOWNLOADING");
      System.out.println ("protocol = " + tuto.getProtocol ());
      System.out.println ("host = " + tuto.getHost ());
      System.out.println ("filename = " + tuto.getFile ());
      System.out.println ("port = " + tuto.getPort ());
      System.out.println ("ref = " + tuto.getRef ());
      System.out.println ("query = " + tuto.getQuery ());
      System.out.println ("path = " + tuto.getPath ());
      System.out.println ("UserInfo = " + tuto.getUserInfo ());
      System.out.println ("Authority = " + tuto.getAuthority ());
  }
}
```

运行结果为：

protocol = http

host = java. sun. com

filename = /docs/books/tutorial. intro. html

port = 80

ref = DOWNLOADING

query = null

path = /docs/books/tutorial. intro. html

UserInfo = null

Authority = java. sun. com: 80

五、从 URL 读取 WWW 网络资源

示例如下:

```
import java.io.BufferedReader;
import java.io.InputStreamReader;
import java.net.URL;

public class URLReader {
    public static void main  (String[] args)throws Exception {
        //声明抛出所有例外
        URL tirc = new URL  ("http://127.0.0.1:8080/");
        //构建一个 URL 对象
        BufferedReader in = new BufferedReader  (new InputStreamReader
                (tirc.openStream  ()));
        //使用 openStream 得到一输入流并由此构造一个 BufferedReader 对象
    String inputLine;
    while  ((inputLine = in.readLine  ())! =null)
          //从输入流不断读入数据,直到读完为止
            System.out.println  (inputLine);//把读入的数据显示在屏幕上
        in.close  ();//关闭输入流
    }
}
```

运行结果如下:

```
<html>
<head><title>Resin&#174;Default Home Page</title></head>

<body>
<h1 style="background:#ccddff">Resin&#174;Default Home Page
</h1>

This is the default page for the Resin web server.

<p>
Documentation is available <a href="/resin-doc">here.</a>.

</body>

</html>
```

当得到一个 URL 对象后，就可以通过它读取指定的 WWW 资源。这时将使用 URL 的方法 openStream（），其定义为：

InputStream openStream（）;

方法 openSteam（）与指定的 URL 建立连接并返回 InputStream 类的对象，以从这一连接中读取数据。

第 2 节　基于 Socket 的低层次 Java 网络编程

➢了解 Socket 通信的基础知识和一般过程

➢能够进行 Socket 相关操作

一、Socket 通信基础

网络上的两个程序通过一个双向的通信连接实现数据的交换，这个双向链路的一端称为一个 Socket。Socket 通常用来实现客户方和服务方的连接。Socket 是 TCP/IP 协议的一个十分流行的编程界面，一个 Socket 由一个 IP 地址和一个端口号唯一确定。

在传统的 UNIX 环境下可以操作 TCP/IP 协议的接口不止 Socket 一个，Socket 所支持的协议种类也不止 TCP/IP 一种，因此两者之间是没有必然联系的。在 Java 环境下，Socket 编程主要是指基于 TCP/IP 协议的网络编程。

说 Socket 编程是低层次网络编程并不等于它功能不强大，恰恰相反，正因为层次低，Socket 编程比基于 URL 的网络编程拥有更强大的功能和更灵活的控制，但是要更复杂一些。由于 Java 本身的特殊性，Socket 编程在 Java 中可能已经是层次最低的网络编程接口，在 Java 中要直接操作协议中更低的层次，需要使用 Java 的本地方法调用（JNI），在这里就不予讨论了。

二、Socket 通信的一般过程

使用 Socket 进行 Client/Server 程序设计的一般连接过程是这样的：Server 端 Listen（监听）某个端口是否有连接请求，Client 端向 Server 端发出 Connect（连接）请求，Server 端向 Client 端发回 Accept（接受）消息。一个连接就建立起来了。Server 端和 Client 端都可以通过 Send，Write 等方法与对方通信。Socket 通信的一般过程如图 9—1 所示。

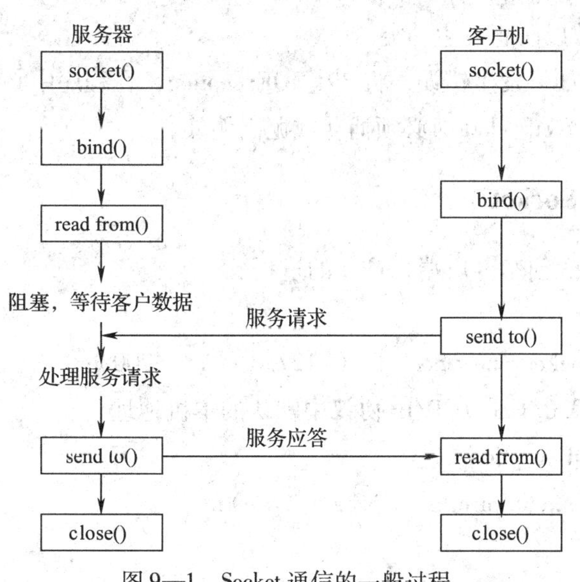

图 9—1　Socket 通信的一般过程

对于一个功能齐全的 Socket 要包含以下基本结构，其工作过程包含四个基本步骤：创建 Socket，打开连接到 Socket 的输入或输出流，按照一定的协议对 Socket 进行读写操作，关闭 Socket。

第三步是程序员用来调用 Socket 和实现程序功能的关键步骤，其他三步在各种程序中基本相同。

三、创建 Socket

Java 在包 java. net 中提供了两个类——Socket 和 ServerSocket，分别用来表示双向连接的客户端和服务端。这是两个封装得非常好的类，使用很方便。其构造方法如下：

```
Socket （InetAddress address, int port）;
Socket （String host, int port）;
ServerSocket （int port）;
```

其中 address、host 和 port 分别是双向连接中另一方的 IP 地址、主机名和端口号。例如：

```
Socket client = new Socket （"127. 0. 01. ", 80）;
ServerSocket server = new ServerSocket （80）;
```

注意，在选择端口时，必须小心。每一个端口提供一种特定的服务，只有给出正确的端口号，才能获得相应的服务。0 ~ 1023 的端口号为系统所保留，例如 http 服务的端口号为 80，telnet 服务的端口号为 21，ftp 服务的端口号为 23，所以在选择端口号时，最好选择一个大于 1023 的数以防止发生冲突。

在创建 Socket 时如果发生错误，将产生 IOException，在程序中必须对之作出处理。所以在创建 Socket 或 ServerSocket 时必须捕获或抛出例外。

四、客户端的 Socket

下面是一个典型的创建客户端 Socket 的过程。

```
try{
    Socket socket = new Socket （"127. 0. 0. 1",4700）;
    // 127. 0. 0. 1 是 TCP/IP 协议中默认的本机地址
}catch （IOException e）{
        System. out. println （"Error:" + e）;
}
```

这是最简单的在客户端创建一个 Socket 的小程序段，也是使用 Socket 进行网络通信的第一步，程序相当简单，在这里不作过多的解释了。在后面的程序中会用到该小程序段。

五、服务器端的 ServerSocket

下面是一个典型的创建 Server 端 ServerSocket 的过程。

```
ServerSocket server = null;
try
    server = new ServerSocket (4700);
    // 创建一个 ServerSocket 在端口 4700 监听客户请求
}catch (IOException e){
        System. out. println ("can not listen to:" + e);
}
Socket socket = null;
try {
      socket = server. accept ();
//accept () 是一个阻塞的方法，一旦有客户请求，它就会返回一个 Socket 对象用于同客户进行交互
}catch (IOException e){
      System. out. println ("Error:" + e);
}
```

以上的程序是 Server 的典型工作模式，只不过在这里 Server 只能接收一个请求，接受完后 Server 就退出了。实际的应用中总是让它不停地循环接收，一旦有客户请求，Server 总会创建一个服务线程来服务新来的客户，而自己继续监听。程序中 accept（）是一个阻塞函数。阻塞性方法就是该方法被调用后将等待客户的请求，直到有一个客户启动并请求连接到相同的端口，然后 accept（）返回一个对应于客户的 Socket。这时，客户方和服务方都建立了用于通信的 Socket，接下来就是由各个 Socket 分别打开各自的输入、输出流。

六、打开输入、输出流

类 Socket 提供了方法 getInputStream（）和 getOutStream（）来得到对应的输入、输出流以进行读写操作，这两个方法分别返回 InputStream 和 OutputSteam 类对象。为了便于读写数据，可以在返回的输入、输出流对象上建立过滤流，如 DataInputStream、DataOutputStream 或 PrintStream 类对象，对于文本方式流对象，可以采用 InputStreamReader 和 OutputStreamWriter、PrintWirter 等处理。

例如：

PrintStream os = new PrintStream （new BufferedOutputStreem （socket. getOutputStream ()));

DataInputStream is = new DataInputStream （socket. getInputStream （)）;

PrintWriter out = new PrintWriter （socket. getOutStream （),true）;

BufferedReader in = new ButfferedReader （new InputSteramReader （Socket. getInput-Stream （)））;

输入、输出流是网络编程的实质性部分，具体如何构造所需要的过滤流，要根据需要而定，能否运用自如主要看读者对 Java 中输入输出部分的掌握程度。

七、关闭 Socket

每一个 Socket 存在时，都将占用一定的资源，在 Socket 对象使用完毕时，要将其关闭。关闭 Socket 可以调用 Socket 的 close（）方法。在关闭 Socket 之前，应将与 Socket 相关的所有的输入、输出流全部关闭，以释放所有的资源。而且要注意关闭的顺序，与 Socket 相关的所有的输入、输出该首先关闭，然后再关闭 Socket。

```
os. close （);
is. close （);
socket. close （);
```

尽管 Java 有自动回收机制，网络资源最终是会被释放的，但是为了有效地利用资源，建议读者按照合理的顺序主动释放资源。

八、简单的 Client/Server 程序设计

下面给出一个用 Socket 实现的客户和服务器交互的典型的 C/S 结构的演示程序，读者通过仔细阅读该程序，会对前面所讨论的各个概念有更深刻的认识。程序的意义请参考注释。

1. 客户端程序

```
import java.io.BufferedReader;
import java.io.InputStreamReader;
import java.io.PrintWriter;
import java.net.Socket;
```

```
    public class TalkClient {
public static void main  (String args[]){
      try {
            Socket socket = new Socket  ("127.0.0.1",4700);
            //向本机的 4700 端口发出客户请求
            BufferedReader sin = new BufferedReader  (new InputStre-
amReader  (System.in));
          //由系统标准输入设备构造 BufferedReader 对象
          PrintWriter os = new PrintWriter  (socket. getOutput-
Stream  ());
          //由 Socket 对象得到输出流,并构造 PrintWriter 对象
          BufferedReader is = new BufferedReader  (new InputStream-
Reader  (socket.getInputStream  ()));
          //由 Socket 对象得到输入流,并构造相应的 BufferedReader 对象
          String readline;
          readline = sin.readLine  ();//从系统标准输入读入一字符串
          while  (! readline.equals  ("bye")){
             //若从标准输入读入的字符串为"bye"则停止循环
             os.println  (readline);
             //将从系统标准输入读入的字符串输出到 Server
             os.flush  ();
             //刷新输出流,使 Server 马上收到该字符串
             System.out.println  ("Client:" + readline);
             //在系统标准输出上打印读入的字符串
             System.out.println  ("Server:" + is.readLine  ());
             //从 Server 读入一字符串,并打印到标准输出上
             readline = sin.readLine  ();//从系统标准输入读入一字符串
          } //继续循环
          os.close  ();//关闭 Socket 输出流
          is.close  ();//关闭 Socket 输入流
```

```
        socket.close ();//关闭 Socket
    }catch (Exception e){
         System.out.println ("Error" +e);//出错,则打印出错信息
      }
    }
}
```

2. 服务器端程序

```
import java.io.BufferedReader;
import java.io.InputStreamReader;
import java.io.PrintWriter;
import java.net.ServerSocket;
import java.net.Socket;

public class TalkServer {
    public static void main (String args[]){
        try {
             ServerSocket server =null;
             try {
                  server =new ServerSocket (4700);
                  //创建一个 ServerSocket 在端口 4700 监听客户请求
            } catch (Exception e){
                  System.out.println ("can not listen to:" +e);
                  //出错,打印出错信息
            }

            Socket socket =null;
            try {
                 socket =server.accept ();
```

```
            //使用 accept ()阻塞等待客户请求,有客户
            //请求到来则产生一个 Socket 对象,并继续执行
        } catch (Exception e){
            System.out.println ("Error."+e);
            //出错,打印出错信息
        }
        String line;
        BufferedReader is=new BufferedReader (new InputStream-
Reader (socket.getInputStream ()));
    //由 Socket 对象得到输入流,并构造相应的 BufferedReader 对象
        PrintWriter os=new PrintWriter (socket.getOutputStream
());
        //由 Socket 对象得到输出流,并构造 PrintWriter 对象
        BufferedReader sin=new BufferedReader (new InputStre-
amReader (System.in));
        //由系统标准输入设备构造 BufferedReader 对象

        System.out.println ("Client:"+is.readLine ());
        //在标准输出上打印从客户端读入的字符串
        line=sin.readLine ();
        //从标准输入读入一字符串
        while (! line.equals ("bye")){
            //如果该字符串为"bye",则停止循环
            os.println (line);
            //向客户端输出该字符串
            os.flush ();
            //刷新输出流,使 Client 马上收到该字符串
            System.out.println ("Server:"+line);
            //在系统标准输出上打印读入的字符串
            System.out.println ("Client:"+is.readLine ());
```

```
            //从 Client 读入一字符串,并打印到标准输出上
            line = sin.readLine ();
            //从系统标准输入读入一字符串
        } //继续循环
        os.close ();//关闭 Socket 输出流
        is.close ();//关闭 Socket 输入流
        socket.close ();//关闭 Socket
        server.close ();//关闭 ServerSocket
    } catch (Exception e){
        System.out.println ("Error:" +e);
        //出错,打印出错信息
    }
  }
}
```

在 Client 程序端输入：

你好吗？

在 Server 程序端输出：

Client：你好吗？

第 10 章

Java 的线程

第1节 线程简介

学习目标

➢了解线程的概念模型

➢熟悉线程体

➢掌握线程体的构造与状态

随着计算机的飞速发展，普通计算机上的操作系统也纷纷采用多任务和分时设计，将早期只有大型计算机才具有的系统特性带到了普通计算机系统中。一般可以在同一时间内执行多个程序的操作系统都有进程的概念。一个进程就是一个执行中的程序，而每一个进程都有自己独立的一块内存空间、一组系统资源。在进程概念中，每一个进程的内部数据和状态都是完全独立的。Java 程序通过流控制来执行程序流，程序中单个顺序的流控制称为线程，多线程则指的是在单个程序中可以同时运行多个不同的线程，执行不同的任务。多线程意味着一个程序的多行语句可以看上去几乎在同一时间内同时运行。

线程与进程相似，是一段完成某个特定功能的代码，是程序中单个顺序的流控制；但与进程不同的是，同类的多个线程共享一块内存空间和一组系统资源，而线程本身的数据通常只有微处理器的寄存器数据，以及一个供程序执行时使用的堆栈。所以系统在产生一个线程，或者在各个线程之间切换时，负担要比进程小得多，正因如此，线程被称为轻负荷进程（light - weight process）。一个进程中可以包含多个线程。

另外，在单 CPU 系统中，系统把 CPU 的时间片按照调度算法分配给各个线程，因此各线程实际上是分时执行的，在多 CPU 的 Windows NT 系统中，同一个程序的不同线程可以被分配到不同的 CPU 上去执行。由于一个程序的各线程是在相同的地址空间运行的，因此涉及如何共享内存、如何通信等问题，这样便需要处理各线程之间的同步问题，这是多线程编程中的一个难点。

进程：每个进程都有独立的代码和数据空间（进程上下文），进程切换的开销大。

线程：轻负荷的进程，同一类线程共享代码和数据空间，每个线程有独立的运行栈和程序计数器（PC），线程切换的开销小。一个线程是一个程序内部的顺序控制流。

多进程：在操作系统中，能同时运行多个任务程序。

多线程：在同一应用程序中，有多个顺序流同时执行。

一、线程的概念模型

Java 内在支持多线程，它的所有类都是在多线程下定义的，Java 利用多线程使整个系统成为异步系统。Java 中的线程由三部分组成，如图 10—1 所示。

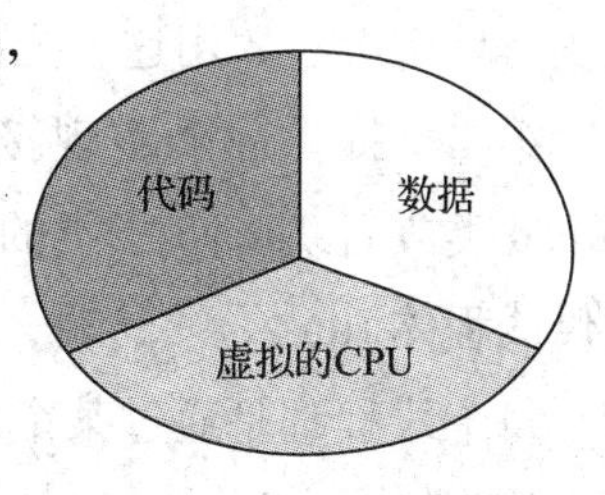

图 10—1　线程的三个组成部分

1．虚拟的 CPU，封装在 java. lang. Thread 类中。

2．CPU 所执行的代码，传递给 Thread 类。

3．CPU 所处理的数据，传递给 Thread 类。

二、线程体

Java 的线程是通过 java. lang. Thread 类来实现的。当生成一个 Thread 类的对象之后，一个新的线程就产生了。

此线程实例表示 Java 解释器中的真正的线程，通过它可以启动线程、终止线程、线程挂起等。每个线程都是通过类 Thread 在 Java 的软件包 java. lang 中定义，它的构造方法如下：

```
public Thread (ThreadGroup group, Runnable target, String name);
```

其中，group 指明该线程所属的线程组；target 实际执行线程体的目标对象，它必须实现接口 Runnable；name 为线程名。Java 中的每个线程都有自己的名称，Java 提供了不同的 Thread 类构造器，允许给线程指定名称。如果 name 为 null 时，则 Java 自动提供唯一的名称。

当上述构造方法的某个参数为 null 时，可得到下面的几个构造方法：

```
public Thread ();
public Thread (Runnable target);
public Thread (Runnable target, String name);
public Thread (String name);
public Thread (ThreadGroup group, Runnable target);
public Thread (ThreadGroup group, String name);
```

一个类声明实现 Runnable 接口就可以充当线程体，在接口 Runnable 中只定义了一个方法 run ()，格式如下：

```
public void run ();
```

任何实现接口 Runnable 的对象都可以作为一个线程的目标对象，类 Thread 本身也实现了接口 Runnable，因此可以通过两种方法实现线程体。

第一，定义一个线程类，它继承线程类 Thread 并重写其中的方法 run（），这时在初始化这个类的实例时，目标 target 可为 null，表示由这个实例对来执行线程体。由于 Java 只支持单重继承，用这种方法定义的类不能再继承其他父类。

第二，提供一个实现接口 Runnable 的类作为一个线程的目标对象，在初始化一个 Thread 类或者 Thread 子类的线程对象时，把目标对象传递给这个线程实例，由该目标对象提供线程体 run（）。这时，实现接口 Runnable 的类仍然可以继承其他父类。

每个线程都是通过某个特定 Thread 对象的方法 run（ ）来完成其操作，方法 run（ ）称为线程体。

三、线程体的构造

任何实现接口 Runnable 的对象都可以作为一个线程的目标对象，上面已讲过构造线程体有两种方法，下面通过实例来说明如何构造线程体。

1．通过继承类 Thread 构造线程体

示例如下：

```
class SimpleThread extends Thread {

  public SimpleThread  (String str){
     super  (str);//调用其父类的构造方法
  }

  public void run  (){ //重写 run 方法
     for  (int i =0;i <10;i + +){
        System.out.println  (i +" " +getName  ());
        //打印次数和线程的名字
        try {
           sleep  ((int)(Math.random  () *1000));
        //线程睡眠,把控制权交出去
        } catch  (InterruptedException e){
        }
```

```
        }

        System.out.println ("DONE!" + getName ());
        //线程执行结束
    }
}

public class TwoThreadsTest {
    public static void main (String args[]){
        new SimpleThread ("First").run ();
        //第一个线程的名字为 First
        new SimpleThread ("Second").run ();
        //第二个线程的名字为 Second
    }
}
```

运行结果为:

0 First

0 Second

1 First

2 First

1 Second

2 Second

3 First

3 Second

4 Second

4 First

5 Second

5 First

6 Second

6 First

7 First

7 Second

8 Second

8 First

9 First

9 Second

DONE! First

DONE! Second

仔细分析运行结果，会发现两个线程是交错运行的，感觉就像是两个线程在同时运行。但是实际上一台计算机通常就只有一个 CPU，在某个时刻只有一个线程在运行，而 Java 语言在设计时就充分考虑到线程的并发调度执行。对于程序员来说，在编程时要注意给每个线程执行的时间和机会，主要是通过让线程睡眠的办法［调用 sleep（）方法］来让当前线程暂停执行，然后由其他线程来争夺执行的机会。如果上面的程序中没有用到 sleep（）方法，则就是第一个线程先执行完毕，然后第二个线程再执行完毕。所以用好 sleep（）方法是学习线程的一个关键。

2. 通过接口构造线程体

示例如下：

```
import java.awt.Graphics;
import java.util.Date;

public class Clock extends java.applet.Applet implements Runnable
{//实现接口
   Thread clockThread;

   public void start  (){
      //该方法是 Applet 的方法,不是线程的方法
      if  (clockThread = =null){
         clockThread =new Thread  (this,"Clock");
         /*线程体是 Clock 对象本身,线程名字为"Clock" */
         clockThread.start  ();//启动线程
```

```
        }
    }

    public void run  (){ //run  ()方法中是线程执行的内容
        while  (clockThread ! =null){
            repaint  ();//刷新显示画面
            try {
                clockThread.sleep  (1000);
                //睡眠 1s,即每隔 1s 执行一次
            } catch  (InterruptedException e){
            }
        }
    }

    public void paint  (Graphics g){
        Date now = new Date  ();//获得当前的时间对象
        g.drawString  (now.getHours  () + ":" +now.getMinutes  () + ":"
            +now.getSeconds  (),5,10);//显示当前时间
    }

    public void stop  (){
        //该方法是 Applet 的方法,不是线程的方法
        clockThread.stop  ();
        clockThread=null;
    }
}
```

运行结果如图 10—2 所示。

上面这个例子是通过每隔 1 s 就执行线程的刷新画面功能，显示当前的时间；看起来的效果就是一个时钟，每隔 1 s 就变化一次。由于采用的是实现接口 Runnable 的方式，所以该类 Clock 还继承了 Applet，Clock 就可以 Applet 的方式运行。

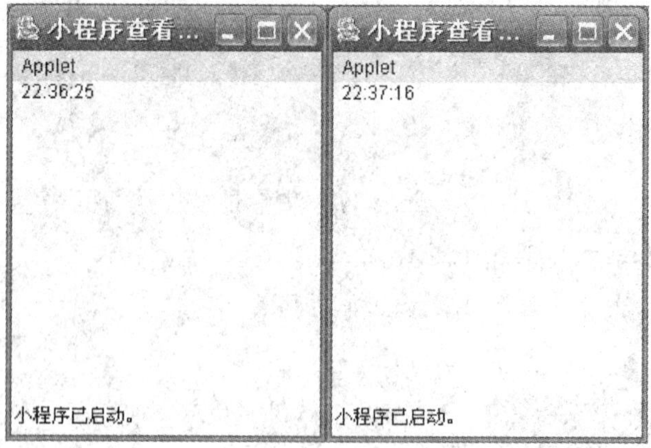

图 10—2　运行结果

构造线程体的两种方法的比较如下：

（1）使用 Runnable 接口

1）可以将 CPU、代码和数据分开，形成清晰的模型。

2）可以从其他类继承。

3）保持程序风格的一致性。

（2）直接继承 Thread 类

1）不能再从其他类继承。

2）编写简单，可以直接操纵线程，无须使用 Thread. currentThread　（）。

四、线程的状态

图 10—3 描述了线程的几种状态及其相互之间的联系。

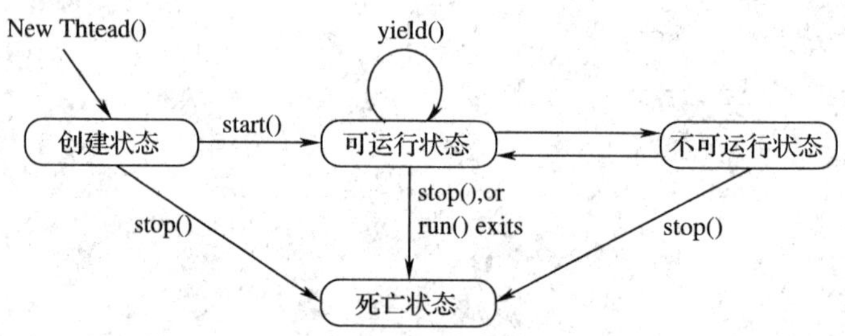

图 10—3　线程的状态

1. 创建状态（new Thread）

执行下列语句时，线程就处于创建状态：

Thread myThread = new MyThreadClass　（ ）；

当一个线程处于创建状态时，它仅仅是一个空的线程对象，系统不为它分配资源。

2. 可运行状态（Runnable）

Thread myThread = new MyThreadClass　（）;

myThread. start　（）;

当一个线程处于可运行状态时，系统为这个线程分配了它需要的系统资源，安排其运行并调用线程运行方法，这样就使得该线程处于可运行状态。需要注意的是，这一状态并不是运行中的状态（Running），因为线程也许实际上并未真正运行。由于很多计算机都是单处理器的，所以要在同一时刻运行所有的处于可运行状态的线程是不可能的，Java 的运行系统必须实现调度来保证这些线程共享处理器。

3. 不可运行状态（Not Runnable）

进入不可运行状态的原因有如下几条：

（1）调用了 sleep　（）方法。

（2）调用了 suspend　（）方法。

（3）为等候一个条件变量，线程调用 wait　（）方法。

（4）输入输出流中发生线程阻塞。

不可运行状态也称为阻塞状态（Blocked）。因为某种原因（输入/输出、等待消息或其他阻塞情况），系统不能执行线程的状态。这时即使处理器空闲，也不能执行该线程。

4. 死亡状态（Dead）

线程的终止一般可通过两种方法实现：自然撤销（线程执行完）或是被停止［调用 stop　（）方法］。目前不推荐通过调用 stop　（）方法来终止线程的执行，而是让线程执行完。

第 2 节　多线程的互斥与同步

➢熟悉互斥锁

➢掌握多线程的同步

一、堆栈 Stack 类

前面所提到的线程都是独立的，而且异步执行，也就是说每个线程都包含了运行时所需要的数据或方法，而不需要外部的资源或方法，也不必关心其他线程的状态或行为。但是经常有一些同时运行的线程需要共享数据，此时就需考虑其他线程的状态和行为，否则就不能保证程序的运行结果的正确性。下面的示例说明了此问题。

一个堆栈 Stack 类的示例如下：

```
public class Stack {

    int idx =0;//堆栈指针的初始值为0

    char[] data =new char[6];//堆栈有 6 个字符的空间

    public void push  (char c){ //压栈操作
        data[idx] =c;//数据入栈
        idx + +;//指针向上移动一位
    }

    public char pop  (){ //出栈操作
        idx - -;//指针向下移动一位
        return data[idx];//数据出栈
    }
}
```

两个线程 A 和 B 在同时使用 Stack 的同一个实例对象，A 正在往堆栈里 push 一个数据，B 则要从堆栈中 pop 一个数据。如果线程 A 和 B 在对 Stack 对象操作时出现不完整性，会导致操作的失败，具体过程如下所示：

1. 操作之前线程 A 和 B 的入栈情况如图 10—4 所示。

2. 线程 A 执行 push 中的第一个语句，将 r 推入堆栈，如图 10—5 所示。

3. 线程 A 还未执行 idx + +语句，线程 A 的执行被线程 B 中断，线程 B 执行 pop 方法，返回 q，如图 10—6 所示。

4. 线程 A 继续执行 push 的第二个语句，如图 10—7 所示。

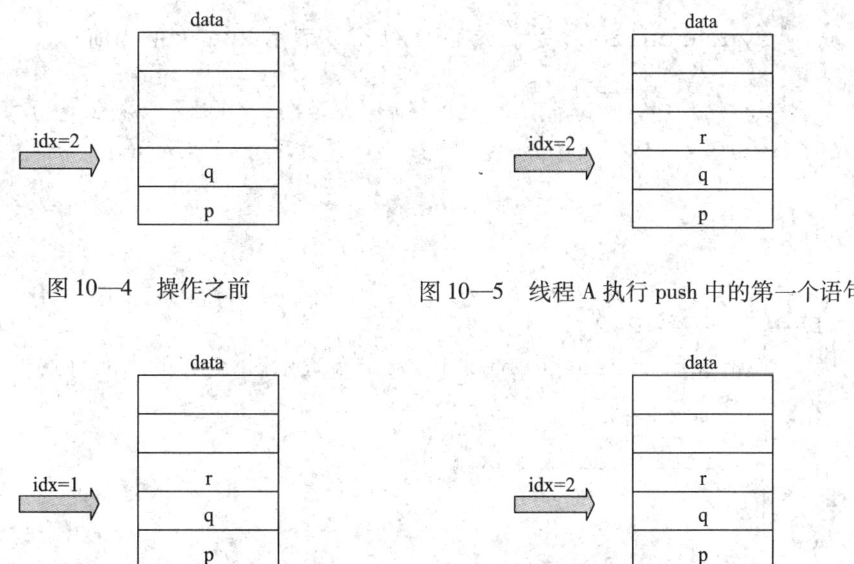

图 10—4　操作之前

图 10—5　线程 A 执行 push 中的第一个语句

图 10—6　线程 A 中断执行线程 B 的语句

图 10—7　线程 A 执行 push 中的第二个语句

最后的结果相当于 r 没有入栈。产生这种问题的原因在于对共享数据访问操作的不完整性。

二、互斥锁

为解决操作的不完整性问题，在 Java 语言中，引入了对象互斥锁的概念，来保证共享数据操作的完整性。每个对象都对应于一个可称为互斥锁的标记，这个标记用来保证在任一时刻，只能有一个线程访问该对象。关键字 synchronized 来与对象的互斥锁联系。当某个对象用 synchronized 修饰时，表明该对象在任一时刻只能由一个线程访问。

修改上面的示例：

```
public class Stack {

    int idx = 0; //堆栈指针的初始值为 0

    char[] data = new char[6]; //堆栈有 6 个字符的空间
```

```
    public void push  (char c){
        synchronized  (this){ //this 表示 Stack 的当前对象
            data[idx] = c;
            idx + +;
        }
    }

    public char pop  (){
        synchronized  (this){ //this 表示 Stack 的当前对象
            idx - -;
            return data[idx];
        }
    }
}
```

synchronized 除了像上面讲的放在对象前面限制一段代码的执行外，还可以放在方法声明中，表示整个方法为同步方法。

```
public synchronized void push  (char c) {
…
}
```

如果 synchronized 用在类声明中，则表明该类中的所有方法都是 synchronized 的。同步示例如图 10—8、图 10—9 所示。

三、多线程的同步

多线程之间的同步问题将通过多线程同步模型：生产者—消费者问题来说明其实现方法。

将系统中使用某类资源的线程称为消费者，产生或释放同类资源的线程称为生产者。

在下面的 Java 的应用程序中，生产者线程向文件中写数据，消费者从文件中读数据，这样，在这个程序中同时运行的两个线程共享同一个文件资源。

图 10—8　同步示例（一）

图 10—9　同步示例（二）

```
class SyncStack { //同步堆栈类
    private int index = 0;//堆栈指针初始值为 0
    private char[] buffer = new char[6];//堆栈有 6 个字符的空间
    public synchronized void push (char c){ //加上互斥锁
```

```
        while  (index = =buffer.length){ //堆栈已满,不能压栈
            try {
                this.wait  ();//等待,直到有数据出栈
            } catch  (InterruptedException e){
            }
        }

        this.notify  ();//通知其他线程把数据出栈
        buffer[index] =c;//数据入栈
        index + +;//指针向上移动
    }

    public synchronized char pop  (){ //加上互斥锁
        while  (index = =0){ //堆栈无数据,不能出栈
            try {
                this.wait  ();//等待其他线程把数据入栈
            } catch  (InterruptedException e){
            }
    }

    this.notify  ();//通知其他线程入栈
    index - -;//指针向下移动
    return buffer[index];//数据出栈
    }
}
class Producer implements Runnable { //生产者类
    SyncStack theStack;

    //生产者类生成的字母都保存到同步堆栈中
```

```
public Producer  (SyncStack s){
      theStack = s;
   }

   public void run  (){
      char c;
      for  (int i =0;i <20;i + +){
         c =(char)(Math.random  ()* 26 +'A');
         //随机产生 20 个字符
         theStack.push  (c);//把字符入栈
         System.out.println  ("Produced:" + c);//打印字符
         try {
               Thread.sleep  ((int)(Math.random  ()* 1000));
               /* 每产生一个字符线程就睡眠 * /
         } catch  (InterruptedException e){
         }
      }
   }
}

class Consumer implements Runnable { //消费者类
      SyncStack theStack;

      //消费者类获得的字符都来自同步堆栈
   public Consumer  (SyncStack s){
      theStack = s;
   }

   public void run  (){
      char c;
```

```
        for  (int i =0;i <20;i + +){
            c =theStack.pop  ();//从堆栈中读取字符
            System.out.println  ("Consumed:" +c);
            //打印字符
            try{
                Thread.sleep  ((int)(Math.random  () *1000));
                /* 每读取一个字符线程就睡眠 * /
            } catch  (InterruptedException e){
            }
        }
    }
}

public class SyncTest {
    public static void main  (String args[]){
        SyncStack stack =new SyncStack  ();
        //下面的消费者类对象和生产者类对象所操作的是同一个同步堆栈对象
        Runnable source =new Producer  (stack);
        Runnable sink =new Consumer  (stack);
        Thread t1 =new Thread  (source);//线程实例化
        Thread t2 =new Thread  (sink);//线程实例化
        t1.start  ();//线程启动
        t2.start  ();//线程启动
    }
}
```

类 Producer 是生产者模型，其中的 run（）方法中定义了生产者线程所做的操作，循环调用 push（）方法，将生产的 20 个字母送入堆栈中，每次执行完 push 操作后，调用 sleep（）方法睡眠一段随机时间，以给其他线程执行的机会。类 Consumer 是消费者模型，循环调用 pop（）方法，从堆栈中取出一个数据，一共取 20 次，每次执行完 pop 操作后，调用 sleep（）方法睡眠一段随机时间，以给其他线程执行的机会。

运行结果为：

Produced：E

Consumed：E

Consumed：D

Produced：D

Produced：C

Consumed：C

Produced：C

Consumed：C

Consumed：Y

Produced：Y

Produced：R

Consumed：R

Produced：I

Consumed：I

Produced：R

Consumed：R

Consumed：D

Produced：D

Produced：B

Consumed：B

Consumed：W

Produced：W

Produced：F

Consumed：F

Produced：K

Consumed：K

Produced：Y

Produced：T

Consumed：T

Consumed：Y

Produced：M

Consumed：M

Produced：M

Produced：J

Consumed：J

Produced：H

Consumed：H

Consumed：M

Produced：O

Consumed：O

在上述的例子中，通过运用 wait（）和 notify（）方法来实现线程的同步，在同步中还会用到 notifyAll（）方法，一般来说，每个共享对象的互斥锁存在两个队列，一个是锁等待队列，另一个是锁申请队列。锁申请队列中的第一个线程可以对该共享对象进行操作，而锁等待队列中的线程在某些情况下将移入到锁申请队列。下面比较 wait（）、notify（）和 notifyAll（）方法。

三种方法必须在已经持有互斥锁的情况下执行，所以它们只能出现在 synchronized 作用的范围内，也就是出现在用 synchronized 修饰的方法或类中。

wait 的作用是释放已持有的互斥锁，进入等待队列。

notify 的作用是唤醒 wait 队列中的第一个线程并把它移入锁申请队列。

notifyAll 的作用是唤醒 wait 队列中的所有线程并把它们移入锁申请队列。

注意：在 JDK1.2 中不再使用 suspend（）和 resume（），其相应功能由 wait（）和 notify（）来实现。在 JDK1.2 中不再使用 stop（），而是通过标志位来使程序正常执行完毕。